헌법의 주어는
무엇인가

헌법의 주어는 무엇인가

1판 1쇄 인쇄 2017. 5. 11.
1판 1쇄 발행 2017. 5. 18.

지은이 이국운

발행인 김강유
편집 강영특 | **디자인** 이은혜
발행처 김영사
등록 1979년 5월 17일(제406-2003-036호)
주소 경기도 파주시 문발로 197(문발동) 우편번호 10881
전화 마케팅부 031)955-3100, 편집부 031)955-3250 | **팩스** 031)955-3111

값은 뒤표지에 있습니다. ISBN 978-89-349-7799-5 03300

독자 의견 전화 031)955-3200
홈페이지 www.gimmyoung.com   **카페** cafe.naver.com/gimmyoung
페이스북 www.facebook.com/gybooks   **이메일** bestbook@gimmyoung.com

좋은 독자가 좋은 책을 만듭니다.
김영사는 독자 여러분의 의견에 항상 귀 기울이고 있습니다.

이 도서의 국립중앙도서관 출판시도서목록(CIP)은 서지정보유통지원시스템 홈페이지(http://
seoji.nl.go.kr)와 국가자료공동목록시스템(http://www.nl.go.kr/kolisnet)에서 이용하실 수 있
습니다. (CIP제어번호: CIP2017011077)

헌법의
주어는
무엇인가

헌법 묵상, 제1조

이국운

김영사

차례

1987년 헌법

[시행 1988.2.25.] [헌법 제10호, 1987.10.29. 전부개정]

전문

유구한 역사와 전통에 빛나는 우리 대한국민은 3·1운동으로 건립된 대한민국임시정부의 법통과 불의에 항거한 4·19민주이념을 계승하고, 조국의 민주개혁과 평화적 통일의 사명에 입각하여 정의·인도와 동포애로써 민족의 단결을 공고히 하고, 모든 사회적 폐습과 불의를 타파하며, 자율과 조화를 바탕으로 자유민주적 기본질서를 더욱 확고히 하여 정치·경제·사회·문화의 모든 영역에 있어서 각인의 기회를 균등히 하고, 능력을 최고도로 발휘하게 하며, 자유와 권리에 따르는 책임과 의무를 완수하게 하여, 안으로는 국민생활의 균등한 향상을 기하고 밖으로는 항구적인 세계평화와 인류공영에 이바지함으로써 우리들과 우리들의 자손의 안전과 자유와 행복을 영원히 확보할 것을 다짐하면서 1948년 7월 12일에 제정되고 8차에 걸쳐 개정된 헌법을 이제 국회의 의결을 거쳐 국민투표에 의하여 개정한다.

제1장 총강

제1조　①　대한민국은 민주공화국이다.

　　　　②　대한민국의 주권은 국민에게 있고, 모든 권력은 국민으로부터 나온다.

1948년 헌법

[시행 1948.7.17.] [헌법 제1호, 1948.7.17. 제정]

전문

유구한 역사와 전통에 빛나는 우리들 대한국민은 기미 삼일운동으로 대한민국을 건립하여 세계에 선포한 위대한 독립정신을 계승하여 이제 민주독립국가를 재건함에 있어서 정의인도와 동포애로써 민족의 단결을 공고히 하며 모든 사회적 폐습을 타파하고 민주주의제제도를 수립하여 정치, 경제, 사회, 문화의 모든 영역에 있어서 각인의 기회를 균등히 하고 능력을 최고도로 발휘케 하며 각인의 책임과 의무를 완수케 하여 안으로는 국민생활의 균등한 향상을 기하고 밖으로는 항구적인 국제평화의 유지에 노력하여 우리들과 우리들의 자손의 안전과 자유와 행복을 영원히 확보할 것을 결의하고 우리들의 정당 또 자유로히 선거된 대표로써 구성된 국회에서 단기 4281년 7월 12일 이 헌법을 제정한다.

제1장 총강

제1조 대한민국은 민주공화국이다.

제2조 대한민국의 주권은 국민에게 있고 모든 권력은 국민으로부터 나온다.

/

하나.

헌법 묵상

/

　누구에게나 가장 궁금한 사람은 자기 자신이다. 자기 자신이 가장 귀중하기 때문이다. 영화 〈레미제라블〉만 보아도 그렇다. 어려울 때건 잘될 때건 주인공 장발장은 계속하여 묻는다. '나는 누구인가?(Who am I?)' 당연하게도 이 질문에 답할 수 있는 사람은 오직 하나, 장발장 자신뿐이다. 다만 납득할 만한 답이 되기 위해서는 두 가지를 함께 답해야 한다. 자기가 누구인지에 대한 답과 그 답이 왜 답인지에 대한 답. 장발장과 마찬가지로 사실 우리 모두는 이 두 가지 답을 찾기 위한 길 위에서 살아간다. 그 여정이 바로 우리 각자의 인생이다.

한 사람이 이러하다면, 여러 사람이 함께 살아가는 경우는 어떠한가? 예를 들어 시집간 새댁이 명절날 마주하게 되는 모습은 혼란의 연속이다. 우리 집에선 다소곳이 절부터 하고 시작인데, 여기선 다짜고짜 술상부터 봐 내란다. 기름이 둥둥 뜨는 떡국 차림새나 제 맘대로인 고스톱 규칙을 포함하여 온갖 풍경들이 낯설고 거슬리기만 하다. 신랑은 제 집이라고 어디 숨었는지 코빼기도 뵈지 않는다. 갑자기 엄마가 보고 싶다. 내가 빠졌으니, 이제 우리 집 명절은 얼마나 쓸쓸할까?

하지만 우리 모두는 알고 있다. 그렇게 당혹스러워하던 새댁이 어느덧 시어머니가 되면, 그 자리를 또 다른 새댁이 며느리가 되어 채우게 될 것이다. 그때, 이 오래된 새댁이 새로운 새댁에게 눈빛과 몸가짐으로 전달하는 메시지는 무엇인가? 안다. 얼마나 놀랍고 힘든지. 그러나 너무 고민하지 말고 꿀꺽 삼켜버리렴. 이것이 바로 내 아들이자 네 남편이 자라난 바로 너의 집이란다. 그 옛날 내가 그랬듯이 너 자신을 '우리'로 받아들여야 네가 살고 우리가 산다. 너는 바로 우리니까.

누구에게나 가장 궁금한 공동체는 자기가 속한 공동체다. 그러나 그 이유는 자기가 속한 공동체가 자신을 가장 귀중하게 대우하기 때문이 아니다. 오히려 자기가 속한 공동체에서 스스로가 귀중하게 취급되지 않을 때, 우리는 자기가 속한 공동체의 정체와 본질을 궁금해하는 경향이 있다. 그래서 공동체에 대한 질문은 흔히 억하심정을 담은 비난조로 제기되곤 한다. 도대체 집구석이 왜 이 모양인가? 도대체 우리 도시는 언제쯤 나아질 수 있을까? 도대체 어쩌다가 나라꼴이 이 지경까지 되었는가? 대한민국에 사는 사람들이라면 똑똑히 기억할 것이다. 2016년 가을, 촛불을 들고 광장에 모인 시민들도 비슷한 질문을 던졌다. 이게 나라냐?

누구에게 던지는 질문인가

"이게 나라냐?"는 질문에 답을 얻기 위해서는 사실 두 가지 문제가 풀려야 한다. 먼저 누구 앞에 질문을 던지는지가 분명해져야 한다. 예컨대 2016년 촛불 시민들과 2014년 세월호 유가족들을 비교해보자. 유가족들은 나라가 이럴 수는 없다며 천리 길을 걸어 청와대로 대통령을 찾아갔다. 그들에겐 그래도 이게 나라냐고 물을 누군가가 있었던 셈이다. 하지만 그 대통령의 국정농단과 무기력이 밝혀지기 시작한 뒤 촛불 시민들은 즉각 하야를 주장하며, 유사한 질문을 던졌다. 그럼 이때 촛불 시민들은 과연 누구를 상대방으로 이게 나라냐고 물었던 것일까?

즉각 하야 주장은 얼마 지나지 않아 즉각 탄핵으로 바뀌었다. 이 말은 탄핵 소추 권한을 가진 국회가 이 질문의 상대방이 되었다는 뜻이다. 국회는 대통령의 탄핵 소추를 의결했고, 이로써 공은 헌법재판소로 넘어갔다. 석 달 동안 옥신각신 탄핵 심판을 진행한 끝에, 2017년 3월 10일 헌법재판소는 드디어 박근혜 대통령의 파면을 결정했다. 그러나 헌법재판소의 결정을 납득할 수 없는 사람들은 다시 거리로 나와 같은 질문을 다시 던지기 시작한다. 이게 나라냐? 헌법재판소의 결정을 받아들이지 않는 사람들이 또다시 헌법재판소에 같은 질문을 던질 리는 만무하다. 그러면 이 질문은 누구에게 던지는 것일까?

방금 독자들의 입속에 동일한 대답이 맴돌았을 것이다. 우리 모두에게, 즉 대한민국의 구성원 모두에게. 결코 잘못된 대답은 아니지만, 이 대답이 가능하려면 또 다른 문제가 풀려야만 한다. "이게 나라냐?"라는 질문을 우리 모두에게, 즉 대한민국 구성원 모두에게 던지는 것은 어떻게 가능한가? 어떻게 해야 우리 모두에게 이 질문을 던진 것으로 인정될 수 있는가?

결국 문제는 대한민국이라는 정치공동체의 현존을 무엇으로 확인할 수 있는가이다. 사실 국경일의 공식 행사에서 우리가 매번 마주치게 되는 표상들은 이 문제를 풀기 위한 것이다. 깃발, 노래, 맹세, 동작동과 망월동의 국립묘지, 그리고 그곳에서 행해지는 엄숙한 의례들…. 만약 우리가 입헌군주국들처럼 국왕을 가지고 있다면 그 국왕 역시 같은 목적으로 동원되었으리라. 대한민국이라는 정치공동체의 현존을 확인하기 위하여 정치적 표상의 활용은 불가피하다. 그 가운데 가장 뚜렷한 표상은 국경일의 공식 행사에서 맨 앞에 앉아 있다가 돌아서서 우리를 향해 이런저런 말들을 쏟아놓는 통치자의 존재이다. 통치의 업무를 담당하는 권력자가 없는 세상을 살아본 적이 있는가? 권력자가 스스로의 지위를 보전하는 비결은 통치, 즉 자신의 존재를 통하여 정치공동체의 현존을 표상하는 것이다. 통치자는 항상 그곳에 있다.

그러나 이런 통찰은 너무 허무한 것이 아닌가? 통치자의 전횡을 보다 못해서 우리는 촛불을 들고 광장에 나와 이게 나라냐고 외쳤다. 그 외침은 대한민국이라는 정치공동체의 모든 구성원을 향한 것이었다. 한데 대한민국이라는 정치공동체의 현존을 확인하기 위해서는 다시 통치자 앞으로 돌아와야만 한다니, 이것은 또 무슨 말인가? 정녕 촛불은 바람이 불면 꺼지고, 촛불 시민은 시간이 지나면 흩어지는 존재라는 말인가? 그리고 그 뒤에는 또다시 권력자의 통치가 시작될 뿐이라는 말인가?

인간의 정치에 대한 가장 치명적인 공격은 통치의 불가피성을 내세워 인간의 정치를 허업(虛業)으로 규정하는 것이다. 어떤 권력자는 심지어 이런 방식으로 자신의 통치를 정당화하기까지 한다. 그러나 그와 같은 책략은 지극히 퇴폐적이고 파괴적인 결과로 이어지게 될 뿐이다. 모든 독재가 극악무도한 악행으로 치닫는 이유는 최고 통치자야말로 허무에 가장 쉽게 물들기 때문이다. 최고 통치자는 도무지 더 나아질 가망이 없는 인간의 정치의 불가능성을 자기 자신으로부터 절감한다. 그래서 극단적인 악행을 별다른 죄

의식 없이 저지르게 되는 것이다. 인간의 정치가 허무에 무방비 상태로 노출되는 것보다 더 무서운 일은 없다.

그러면 인간의 정치에는 도무지 희망이 없는 것일까? 어떻게든 스스로를 구원할 수 있는 방도를 모색해야 하는 것은 아닐까? 성급하게 종교적인 언사를 사용하지는 말도록 하자. 인간의 정치에 신의 정치를 개입시켜야 할 필연성은 나중에, 아주 나중에, 모든 노력이 다 허사가 된 이후에 받아들여도 될 일이니까. 마음을 가라앉히고 곰곰이 살펴보면, 인간의 정치에 일말의 가능성이 남아 있지 않은 것은 아니다. 인간의 정치는 인간이라는 범주 안에서 정치적인 방식으로 스스로를 구원하려고 애써왔다. 그러나 어떻게, 도대체 어떻게 그렇게 한단 말인가? 이 질문을 이제까지의 상념과 연결하여 다른 방식으로 요약해보자. 통치자를 넘어서서 또는 그를 우회하여 대한민국이라는 정치공동체의 현존을 확인하는 것이 어떻게 가능한가?

자유 시민들의 공유된 말

통치자가 시민들에게 하는 말을 우리는 흔히 법률이라고 부른다. 따라서 대한민국의 현존을 통치자 앞에서만 확인할 수 있는 세상이 있다면, 그것은 오로지 법률로만 구성된 세상일 것이다. 통치자는 법률로 말하고, 시민들은 그 법률을 준수해야 한다. 법률을 어기면 제재가 따라붙고, 그 집행은 통치자가 다시 담당한다. 언제나 통치자만 말하고, 시민들은 도무지 말이 없다. 이 무슨 답답하고 기계적인, 재미없게도 꽉꽉 막혀버린 세상이란 말인가?

모두가 알고 있듯이 시민들에게는 말할 자유가 있다. 서로에게 말할 자유도 있고, 통치자에게 말할 자유도 있다. 이때의 말할 자유는 당위가 아니라 실존이다. 말할 자유가 있어야 한다는 것이 아니라 그저 말할 자유가 있다는 것이다. 서로에게 말하지 않고, 정치공동체의 현존을 표상한다는 통치자에게 말하지 않고, 그저 묵묵히 시키는 대로 말없이 복종하기만 하는 것은 인간의 정치가 아니다. 그러므로 인간의 정치를 회복하기 위해서는 저 답답하고 기계적인, 재미없게도 꽉꽉 막혀버린, 법률만으로 구성된 세상에서 탈출해야 한다. 그리고 시민들이 하는 말, 즉 서로에게 하는 말과 통치자에게 하는 말이 자유롭게 오갈 수 있도록 해야 한다. 어떻게 이것이 가능한가?

헌법은 근본적으로 자유 시민들의 말이다. 자유 시민들

이 서로에게 한 말이며, 또 통치자의 말 즉 법률에 맞서서 한 말이다. 자유 시민들의 공유된 말, 그것이 바로 헌법이다. 우리는 흔히 헌법이야말로 법의 법이며 최고의 법이라는 말을 듣는다. 이 말은 자유 시민들의 공유된 말이 통치자의 말보다 우월하며 우선한다는 뜻을 함축한다. 자유 시민들의 공유된 말을 헌법에 담는 방식은 다양하기 짝이 없다. 돌비에 새기기도 하고, 의례 속에 감추어두기도 하고, 신의 뜻으로 고양시켜두기도 하고, 마음의 습관으로 간직해두기도 한다. 인간의 문명이 말을 글로 붙잡아두는 법을 깨닫고 그 글에 물리적 형태를 부여하기 시작한 이후부터 헌법은 모두가 읽을 수 있는 글이 되었다. 성문헌법! 그러나 비록 문서의 형태일지언정 헌법은 여전히 근본적으로 자유 시민들의 말이다. 자유 시민들이 서로에게 말하고, 또 통치자의 말에 맞서서 말한, 공유된 말이다.

불의한 통치자에 맞서서 촛불을 들고 광장에 나섰던 자유 시민들은 바람이 불고 시간이 지나면 흩어질 수밖에 없다. 불의한 통치자를 받아들여서가 아니라 누구에게나 삶의 무게가 너무 무겁기 때문이다. 하지만 이때 자유 시민들은 각자의 삶의 자리로 돌아가기에 앞서 불의한 통치자에게 던지는 자신들의 공유된 말을 헌법에 담아두기로 한다. 아니 더 정확하게 말하면, 광장에 남겨진 자유 시민들의 공유된 말을 헌법이라고 부르기로 한다.

바로 이 헌법, 즉 광장에 남겨진 자유 시민들의 공유된 말 앞에서 우리는 대한민국이라는 정치공동체의 현존을 확인할 수 있다. 이러한 확인은 자유 시민들에게도 가능하고, 통치자에게도 가능하다. 촛불이 꺼지고 자유 시민들이 흩어지더라도, 헌법이 남아 있는 한, 광장에 나선 자유 시민들이나 광장을 지배하는 통치자는 여전히 자유 시민들의 공유된 말을 들을 수 있다. 불의한 통치자가 의로운 통치자로 거듭날 수 있는 것은 오로지 이러한 들음을 통해서이다. 자신의 말, 즉 법률이 아니라 자유 시민들의 공유된 말, 즉 헌법이 통치의 출발점이 될 때, 헌법에 의한 정치, 즉 헌정주의가 비로소 시작된다.

듣고, 생각에 잠기기

불의한 통치자에 맞서서 광장에 남겨놓은 자유 시민들의 공유된 말. 바로 이것이 헌법인 까닭에 우리는 헌법을 생각할 수 있다. 아니 더 깊이 들어가 헌법을 묵상할 수 있다. 묵상이란 무엇인가? 잠길 '묵(黙)', 생각 '상(想)', 곧 생각에 잠긴다는 말이다. 따라서 헌법 묵상은 헌법 생각에 잠긴다는 뜻이다. 불의한 통치자에 맞서서 광장에 남겨놓은 자유 시민들의 공유된 말을 곰곰이 새겨듣고 깊이 생각에 잠긴다는 뜻이다.

사람이 하는 생각에는 하는 생각, 즉 의도적으로 추진하는 생각이 있는가 하면, 나는 생각, 즉 의도하지 않아도 어딘가에서 덮쳐와 자꾸만 스멀스멀 피어나는 생각이 있다. 헌법 묵상은 전자의 생각보다는 후자의 생각에 가깝다. 광장에 남겨진 자유 시민들의 공유된 말은 지금도 우리에게 말을 걸고 있다. 그 말을 헤아려 귀 기울여 듣고 깊은 생각에 잠기는 것이 헌법 묵상이다. 헌법 묵상은 광장에 남겨진 자유 시민들의 말을 묵상하는 가운데 그들의 목소리, 그 눈빛, 그 몸의 현존 가운데로 나아간다.

우리 또한 촛불을 들고 광장에 나선 자유 시민들인 까닭에, 이곳에 남겨두어야 할 공유된 말들을 가지고 있다. 그러나 그 말들을 헌법이라고 주장하기 전에, 먼저 광장에 남겨진 다른 자유 시민들의 공유된 말을 애써 들어야 한다. 그 말들은 우리로 하여금 불의한 통치자의 말에 맞서서 말을 시작하게 하려고 자유 시민들이 먼저 해놓은 공유된 말, 즉 누군가가 말하게 하려고 먼저 걸어온 말이기 때문이다. 헌법은 타자에게 말 걸기이다. 하여 그 말을 먼저 듣고 생각에 잠기는 것이 우선이다. 그렇다면 우리의 공유된 말을 헌법에 추가하는 작업은 헌법 묵상을 거친 뒤에 시작해도 늦지 않으리라.

/

둘.

헌법의 주어는 무엇인가

/

대한민국 헌법 1조는 두 문장으로 되어 있다.

"대한민국은 민주공화국이다.
대한민국의 주권은 국민에게 있고, 모든 권력은 국민으로
부터 나온다."

깔끔하고 군더더기 없는 멋진 문장이다. 다만 너무 미끈
해서 묵상 거리로 삼을 만한 실마리가 잘 잡히지 않는 것도

사실이다. 예를 들어, 이웃 나라 일본의 헌법 1조와 비교해 보자. "천황은 일본국의 상징이며 일본 국민 통합의 상징으로서, 그 지위는 주권의 보유자인 일본 국민의 총의에 기초한다." 무슨 말인가? 입헌군주국이라는 말 같기도 하고, 국민주권주의라는 말 같기도 하고…. 일본 지식인들은 이 문장 앞에서 '상징천황제' 같은 어려운 용어 해석의 고민을 표현하곤 한다. 이에 비하여 우리 헌법 1조는 참 간명하다. 그래서 처음 읽으면 별다른 감흥 없이 휘이익 읽힌다.

그러나 헌법 1조가 멋진 문장이라는 것은 언제나 좋은 일인가? 헌법 1조를 초안한 유진오는 이 문장들을 바이마르 헌법 1조에서 가져온 것으로 알려져 있다. "독일 제국은 공화국이다. 국가권력은 국민으로부터 나온다." 역시 정제된 문장이지만, 역사 속에서 이 문장은 히틀러와 나치의 광기를 다스리는 데 무력했다. 패전의 치욕과 함께 인류 앞에 저지른 범죄를 인정하고 뉘우치는 과정을 겪으면서 독일인들은 헌법 1조의 첫 문장을 바꾸었다. "인간의 존엄은 침해되지 아니한다. 모든 국가권력은 이를 존중하고 보호할 의무를 진다." 대한민국 헌법 10조와 유사한 이 문장을 독일인들은 지금도 헌법 1조의 맨 앞에 내걸고 있다.

"인간의 존엄은 침해되지 아니한다"는 수동태의 어색한 문장 앞에서 독일인들은 무슨 생각을 할까? 두 번의 패전과 외세의 분할 점령, 분단과 대치와 통일, 그리고 나치의 범죄와 그에 동조한 죄책감으로 점철되었던 자신들의 20세기를 떠올리지 않을까? 바이마르 헌법 1조는 어쩌면 이 사건들 중 대부분이 발생하기 이전에 멋진 문장으로 자신들의 미래를 기획했던 때의 소박한 기대를 담고 있는지도 모른다. 한 번의 패전으로 제국을 무너뜨리고 공화국을 세웠다면, 안타깝기는 하지만 아주 실망할 일은 아니라는 안도와 자기위안 같은 것 말이다.

대한민국 헌법학의 대다수를 차지하는 교과서 헌법학은 유진오 이래 헌법 1조를 바이마르 헌법 1조를 읽듯이 해석해왔다. 1항은 민주공화국이라는 국가형태를 규정한 것이고, 2항은 국민주권이라는 주권의 형태를 규정한 것이라는 무미건조한 해석이다. 당연한 해석이긴 하지만, 그것만으로는 왠지 대한민국이라는 민주적 헌정국가의 정치적 원점으로서 헌법 1조가 담고 있는 풍부하고도 역동적인 의미가 도무지 드러나지 않는다. 헌정주의의 정신과 원리도 사라지고 헌정사를 수놓은 고통스런 이야기들도 없어져버린다.

과연 이것은 헌법 1조를 읽는 올바른 방법일까?

누가 말하는가

헌법 묵상을 시작하면서, 우리는 헌법을 시민들의 공유된 말로 정의했다. 따라서 지금 깔끔하고 군더더기 없으나 무미건조한 채로 우리 앞에 서 있는 이 두 문장은 바로 그 시민들의 공유된 말로 읽어야 한다. 그래야 이 두 문장에 담긴 깊은 의미가 비로소 살아날 수 있다.

모든 말은 누군가가 다른 누군가에게 말하는 구조 속에서 탄생한다. 따라서 헌법 1조의 두 문장은 무엇보다 그 발화구조 속에서 해석되어야 한다. 그러면 먼저 발화자부터 찾아보자. 누가 이 두 문장을 말하고 있는가?

대한민국 헌법 전문은 기나긴 통문장이다. 이 문장을 읽을 때 우리는 흔히 "유구한 역사와 전통에 빛나는 우리 대한민국은 3·1운동으로 건립된 대한민국임시정부의 법통과 불의에 항거한 4·19민주이념을 계승하고…"라고 낭독하곤 한다. 그러나 방금 중대한 실수가 있었다. 무엇일까?

대한민국 헌법은 주어를 가지고 있는 문서이다. 그 주어는 '우리 대한민국'이 아니다. 헌법은 대한민국이 스스로 말하는 것을 받아 적은 문서가 아니다. 다시 전문을 읽어보자. "유구한 역사와 전통에 빛나는 우리 대한국민은…." 그렇다. 헌법의 주어는 '우리 대한민국'이 아니라 '우리 대한국민'이다. 우리 대한국민이 헌법을 통하여 민주공화국이라는 작품을 만들고 그 이름을 대한민국이라고 붙인 것이다. '우리 대한민국'에서 '우리'와 '대한민국'은 소유격으로 이어진다. 우리가 대한민국을 만들었다는 말이다. 그러나 '우리 대한국민'에서 '우리'와 '대한국민'은 동격으로 이어진다. 대한민국을 만든 그 우리의 이름이 바로 대한국민이라는 뜻이다.

우리 대한국민이야말로 헌법 1조를 말하는 주체이다. 따라서 우리는 반드시 헌법 1조의 두 문장을 주어를 밝히 드러내어 읽어야 한다. 이 두 문장을 아래처럼 외치듯이 읽어보자.

"우리 대한국민이 말한다. 대한민국은 민주공화국이다.
우리 대한국민이 다시 말한다. 대한민국의 주권은 (우리 대한)국민에게 있고, 모든 권력은 (우리 대한)국민으로부터 나온다."

어떤가? 이 두 문장을 무미건조하게 읽을 때와 다르지 않은가? 무언가 가슴속에서 꿈틀대며 살아 움직이는 것 같은 느낌이 생기지 않는가? 이처럼 다른 느낌으로 이 두 문장이 다가오는 이유는 명백하다. 우리가 이 두 문장을 '우리 대한국민'으로서 읽었기 때문이다. 헌법의 주어이자 저자로서 헌법 1조를 읽었기 때문이다.

누구에게 말하는가

헌법의 주어를 찾았으니, 이제 수화자, 즉 이 두 문장의 상대방을 찾아야 한다. 대한민국 헌법에 의하여 정부가 수립되던 1948년 8월 15일에는 옛 조선총독부 건물 앞에서 벌어진 국민축하식에 실제로 이 두 문장의 상대방으로 부를 만한 사람들이 앉아 있었다. 주한 미군정의 최고책임자였던 존 하지 미합중국 육군 중장도 있었고, 5월 10일 제헌의회 선거 과정을 관리했던 UN한국위원단의 대표들도 있었다. 이들 중에 예를 들어 하지 장군에게 말한다고 생각하고 이 두 문장을 다시 한 번 읽어보자. 자주와 독립의 의기가 물씬 풍겨날 것이다.

"우리 대한국민이 주한 미군정의 최고책임자인 미합중국 육군 중장 존 하지에게 말한다. 대한민국은 민주공화국이다.

우리 대한국민이 존 하지에게 다시 말한다. 대한민국의 주권은 (우리 대한)국민에게 있고, 모든 권력은 (우리 대한)국민으로부터 나온다."

상상력을 더 발휘하여, 헌법 1조의 상대방을 여러 방면으로 넓혀보자. 조선 총독이나 일본 왕을 상대방으로 두면 어떻게 될까? 헌법 1조는 제국주의를 극복한 승리의 선언이 될 것이다. 아직 해방을 맛보지 못한 다른 식민지 백성들을 상대방으로 두면 어떻게 될까? 헌법 1조는 피식민의 서러움을 공감하면서 하루바삐 독립할 것을 격려하는 위로의 메시지가 될 것이다. 헌법 전문에 등장하는 3·1운동이 고종황제의 인산일에 시작된 것을 생각하여, 이 두 문장을 고종 황제에게 말한다고 생각하면 어떨까? 헌법 1조는 왕조 국가의 전통을 끊고 자유와 평등을 새로운 국가의 기초로 삼는 시민 혁명의 권리선언이 될 것이다.

더 많은 상대방을 상정하여 그 앞에서 읽으면 읽을수록

헌법 1조의 의미와 내용은 더욱 풍부해진다. 그렇지만 가장 중요하고도 결정적인 상대방은 아주 가까운 곳에 있다. 그것은 바로 헌법 1조를 함께 선언하는 동료 대한국민이다. 대한민국 헌법은 헌법의 주어이자 저자인 우리 대한국민이 동료 대한국민을 앞에 두고 그에게 말하는 방식으로, 그와 함께 말하는 방식으로 선포된다. 비유컨대 대한민국 헌법은 우리 대한국민이 서로의 얼굴을 보면서 함께 부르는 합창과도 같다.

　이 점을 더 깊이 느끼기 위하여 간단한 역사적 상상을 시도해보자. 1948년 7월 17일 헌법공포식에는 이승만 초대 대통령이 제헌국회의장으로서 단상 위에 있었다. 만약 그때 이승만 박사가 다음과 같은 발언으로 헌법공포식을 시작했다면 어땠을까?

　"나는 왕가의 자손으로서, 조선 왕조의 지배층이었으며, 젊은 시절부터 평생 동안 독립운동에 헌신해온 사람입니다. 그래서 여러분 중에는 나를 국부로 부르는 사람들마저 있는 줄 압니다.

　그러나 내 생각에, 그와 같은 자격, 그와 같은 특권을 가진 채로 우리가 이 헌법을 통해 만드는 대한민국을 시작해서는 안 될 줄 압니다. 대한민국은 오로지 우리 대한국민의 자유와 평등을 전제로만 출발할 수 있기 때문입니다.

그리하여 나는 지금 여러 시민들 앞에서 선언하고자 합니다. 나는 이제 내가 가진 모든 기득권을 포기합니다. 그 대신 나는 지금 이 순간부터 대한국민 그 누구와도 동등한 한 사람의 시민임을 명예롭게 받아들입니다.

여러분과 동등한 시민이라는 단 한 가지 명예로운 사실에만 근거하여 나는 이제 말합니다. 대한민국은 민주공화국입니다. 대한민국의 주권은 우리 대한국민에게 있고 모든 권력은 우리 대한국민으로부터 나옵니다."

만약 모두가 국부라고 받드는 어르신이 실제로 이렇게 시민선언을 했다면, 그 뒤로 어떤 일이 벌어졌을까? 제헌 국회의원들 한 사람 한 사람이 차례로 단상에 나아가 감격적인 시민선언을 이어가지 않았을까? 그리고 만약 그 광경이 녹화되어 남아 있다면, 지금도 우리 각각은 차례로 단상에 나아가 시민선언을 이어가고 싶은 충동에 사로잡히게 되지 않을까? 물론 이러한 광경은 역사적 사실이 아니라 역사적 상상일 뿐이다. 하지만 헌법 1조의 두 문장은 그와 같은 역사적 상상을 충분히 자극하고도 남을 만한 정치적 에너지를 함축하고 있다. 이것이 헌법 1조의 힘이다.

우리가, 우리에게

헌법 1조는 헌법의 주어이자 저자인 우리 대한국민이 동료 대한국민을 상대로 함께 말하는 두 문장이다. 여기서 헌법의 주어와 상대방이 우리 대한국민이라는 말은 헌법 묵상 또는 헌법 해석에 흥미로운 문제를 야기한다. 이러한 작업은 헌법의 주어인 '우리 대한국민'이 자기 자신에게 말하는 선언을 그 스스로 다시 해석하는 모양새가 되기 때문이다. 해석 대상인 헌법 1조 안에 해석 주체가 이미 '우리 대한국민'으로서 포함되어 있다. 그렇다면 도대체 지금 우리가 여기서 헌법 1조를 묵상하는 것은 무슨 뜻인가? 특히 관찰자로서가 아니라 참여자로서, 수범자(受範者)로서만이 아니라 입법자(立法者)로서 우리가 우리의 작품인 헌법 1조를 해석하는 것은 가능한 일인가?

헌법해석이론 또는 해석학 그 자체에 관한 심오한 토론은 넘어가기로 하자. 단지 결론만을 짧게 언급한다면, 무엇을 말할 수 있을까? 마치 저자가 자신의 작품을 해석하는 것 같은 이러한 작업은 충분히 가능하다. 다만 한 가지 조건이 있어야 한다.

무엇보다 저자가 복수(複數), 즉 여럿이라는 점이 전제되어야 한다. 이 말은 우리 대한국민 자체가 원래 여럿이라는 의미도 되지만, 그보다는 저자인 우리 대한국민이 해석자인 우리 대한국민의 권위를 인정함으로써 스스로 여럿이라는 점을 받아들이는 의미가 더 크다. 이는 해석자인 우리 대한국민이 저자인 우리 대한국민의 권위를 인정함으로써 스스로 여럿이 되는 것과 마찬가지다.

이처럼 저자인 우리 대한국민과 해석자인 우리 대한국민이 서로의 권위를 인정함으로써 결과적으로 우리 대한국민은 헌법 1조라는 텍스트의 권위를 인정하게 된다. 이를 통하여 저자인 우리 대한국민은 자신의 작품인 헌법 1조를 타자의 텍스트, 즉 광장에 남겨진 시민들의 공유된 말로서 객관적으로 해석할 수 있게 되고, 해석자인 우리 대한국민은 타자의 텍스트인 헌법 1조를 자신의 작품으로 받아들일 수 있게 된다.

우리 대한국민이 저자이자 해석자로서 헌법 1조라는 텍

스트의 권위를 인정하는 것은 우리 대한국민의 현존이 그의 작품인 헌법을 통하여 이루어진다는 것을 의미한다. 우리 대한국민은 누군가에게 헌법을 말하는 방식으로 나타나며, 또 누군가로부터 헌법을 듣는 방식으로 형성된다. 헌법을 말함과 헌법을 들음의 연속, 즉 헌법의 제정과 개정, 헌법의 해석과 교육, 헌법의 묵상과 실천을 통하여, 우리 대한국민은 살아 있는 헌법 현상이 된다.

다만 이상과 같은 헌법해석학(그리고 헌법현상학)이 실제로 통용될 수 있으려면, 헌법 텍스트 자체가 그것을 받아들여야 한다. 헌법 텍스트 자체가 역사의 어느 시점에 고착되어 특정한 저자의 권위만을 인정하거나, 만세불변의 진리에 대한 독점을 선언하거나, 어떤 이유로든 스스로를 신성화하여 해석 자체를 거부한다면, 그러한 헌법에 대한 해석은 지독히도 어렵고 고통스러운 작업이 될 수밖에 없다. 거칠고 독단적인 헌법 텍스트의 언명들을 우회하여 그 헌법의 진정한 저자를 분별해내는 작업이 선행되어야 할 것이기 때문이다.

그렇다면 우리의 텍스트인 대한민국 헌법 1조는 어떠한가? 이제는 헌법 텍스트 속으로 들어가서 묵상을 이어가보자.

셋.

'우리 대한국민'의 자유

/

헌법의 주어인 '우리 대한국민'은 헌법 전문에서 자신이 어떠한 역사적 존재인지를 설명한다. "유구한 역사와 전통에 빛나는"이라는 구절은 우리 대한국민이 딛고 있는 영광스런 과거에 대한 회상이고, "3·1운동으로 건립된 대한민국임시정부의 법통과 불의에 항거한 4·19민주이념을 계승하고"라는 구절은 헌법제정 및 9차에 이르는 개정 과정에 대한 헌법적 평가이며, "조국의 민주개혁과 평화적 통일의 사명에 입각하여"로 시작되는 전문의 나머지는 앞으로 달

성해야 할 헌법적 목표이자 과제이다.

그렇다면 우리 대한국민이 스스로 표현하는 정치적 정체성을 우리는 어떤 용어로 개념화해야 할까? 첫손에 꼽히는 후보는 단연 '자유'이다. 단, 서구 지식인들 사이에 유행하는 자유의 개념론에 관해서는 주의가 필요하다. 실증주의가 지적 세계를 평정한 이래 서구 지식인들은 자유의 본질을 구명하기보다 자유라는 현상을 분석하는 관성에서 벗어나지 못하고 있다. 예를 들어 '소극적 자유 vs 적극적 자유'의 구분으로 자유를 분석하는 것은 자유에 대한 인식을 명료하게 만들지만, 자유에 대한 확신을 강화하지는 못한다. '고대인의 자유 vs 근대인의 자유', '정치적 자유 vs 법적 자유'로 달리 분석해보아도 사정은 동일하다. 아마도 이런 방식으로는 자유의 양 측면을 오가는 주체의 고유한 리듬을 파악할 수 없기 때문이 아닐까?

최근에 강조되는 '비지배(non-domination)-자유'에는 종래의 이항대립을 극복할 만한 지평이 담겨 있다. 불간섭이나 자기실현이 아니라 비지배로 자유를 이해하면, 타자로부터의 인정과 타자와의 연대를 동시에 추진할 수 있기 때문이다. 그러나 결정적인 문제는 여전히 남아 있다. 자유를 비지배-자유와 동일시하는 것 자체가 도대체 어떤 이유로 비지배-자유의 실천인지를 밝혀야 하기 때문이다. 자유는 자유의 관찰이 아니라 자유의 실천에서 비롯된다. 따라서 비지배-자유가 왜 자유인지를 밝히지 않는 한, 비지배-자유는 자유를 분석하기 위한 개념에 머물 수밖에 없다.

탈출의 자유

그러나 헌법 전문에 나타난 우리 대한국민의 자유는 자유의 개념론과 확연히 다르다. 그것은 하나의 역사적 내러티브로서 출발점과 과정, 그리고 지향점이 분명한 이야기로 나타난다. 우리 대한국민은 "유구한 역사와 전통에 빛나는" 존재이면서도 그것으로 스스로를 규정하지 않는다. 오히려 과감히 탈출을 감행한다. 이러한 탈출은 유구한 역사와 전통으로 규정되는 자기에 대한 부정이며, 동시에 그러한 자기를 넘어서려는 초월의 시도이다. 비유컨대, 우리 대한국민은 스스로 본향(本鄕)을 떠나 광야로 나온 사람들과 같다. 과거에 그들은 조선이나 대한제국의 신민이었고, 지금도 그 과거를 감추지 않지만, 그 과거에 의하여 스스로를 규정하지 않는다. 한반도를 떠나 만주와 연해주를 방랑하던 청년 안중근은 대한제국 출신임을 나타내면서도 그 과거와 결별하기 위하여 자기 자신을 '대한국인(大韓國人)'으로 불렀다. 어쩌면 우리 대한국민은 광야로 나온 대한국인들의 이름일 수도 있으리라.

이처럼 헌법의 주어인 우리 대한국민이 담고 있는 자유의 본질은 일차적으로 본향을 떠나 광야로 나아갈 수 있는 자유이다. 자기를 부정하고 또 자기를 초월하는 탈출의 자유이자 광야의 자유이다. 모든 인간은 이러한 자유를 원초적 가능성으로서 보유하고 있다. 이 점을 인식하는 까닭에, 그리고 그 가능성을 실제로 선택하는 까닭에, 우리 대한국민의 자유는 보편적일 수 있다. 우리 대한국민의 자유가 시대와 공간을 초월하여 다른 사람들의 자유와 공명할 수 있는 까닭은 탈출의 자유, 광야의 자유에 깃든 보편성 때문이며, 헌법 제10조의 '인간으로서의 존엄과 가치'도 여기에 기초를 둔다. 모든 인간은 인간으로서의 존엄과 가치를 훼손해온 과거의 자기를 부정하고 새로운 자아를 찾아 광야로 나아갈 수 있는 탈출의 자유를 가지고 있다.

다시 안중근의 비유를 들어 설명하자면, 우리 대한국민의 자유는 출발점에 있어서 스스로를 대한국인으로 명명하는 자유이다. 물론 이와 같은 탈출의 자유, 광야의 자유는 어디까지나 부정적이고·소극적이다. 자기를 부정하고, 자기를 초월하기 위하여 광야로 나아가는 자유는 아직 아무런 내용을 가지지 못한 비움의 자유일 뿐이다. 그렇다면 우리 대한국민의 자유는 어디서 그리고 어떻게 자유의 구체적이고 역사적인 내용을 확보할 수 있는가? 부정적이고 소극적인 비움의 자유는 어떻게 해야 긍정적이고 적극적인 채움의 자유가 될 수 있는가?

똘레랑스의 자유

광야에서 대한국인 각각의 고유성은 시간이 갈수록 더욱 커진다. 역사와 전통의 규정은 점점 약해지고, 각자의 삶은 점점 더 개별화되기 때문이다. 이와 함께 위험도 커진다. 광야는 어떠한 제약도 없는 해방의 공간이기도 하지만 동시에 생존에 대한 위험이 상존하는 위태로운 장소이다. 그 위험의 태반은 타자로부터 온다. 이로 인해 대한국인은 서로에게 적대적인 타자로 비치기 쉽고, 때로는 서로에 대하여 적대를 선언하기도 한다. 심지어 모두가 자유의 방향으로 탈출을 감행했음을 잘 아는 경우에도 투쟁은 쉽게 종식되지 않는다.

청년 안중근의 죽음 이후 만주와 연해주를 떠돌던 그의 후예들은 이와 같은 적대와 반목을 수없이 경험했다. 하와이와 LA, 북경과 상해로 무대가 넓어진 이후에도 사정은 마찬가지였으며, 광복과 분단이 함께 찾아온 1945년 8월 15일 이후에는 문제가 극도로 심각해졌다. 생존의 논리를 앞세운 비상사태가 선포되면서, 대한국인은 어쩔 수 없이 적과 동지로 갈라지고, 서로를 끝없이 적대하며, 급기야 상대를 말살시키기 위하여 애쓸 수밖에 없었다. 이러한 상황에서 대한국인이 본향으로 되돌아가거나 또 다른 광야로 다시 떠나고픈 유혹을 받는 것은 당연하다. 누구라서 평생 광야를 떠돌다가 본향보다 못한 폭력의 광기에 죽임 당하는 삶을 감히 선택할 수 있을 것인가? 《광장》의 주인공 이명준은 대한국인의 다른 이름이다.

그러므로 바로 이 지점에서 똘레랑스의 자유가 요청된다. 참혹한 결과를 막기 위해서는 대한국인이 서로를 고유성을 가진 타자로서 환대하지 않으면 안 되기 때문이다. 환대를 통하여 타자에게 자유를 선물하지 않으면, 누구든 타자의 환대로부터 오는 자유를 향유할 수 없다. 이런 의미에서 헌법의 주어인 '우리 대한국민'은 헌법 10조가 말하는 '인간으로서의 존엄과 가치'와 '행복을 추구할 권리'를 이미 내포하고 있다. 그 핵심은 우리 대한국민이 서로를 보편적인 자유의 존재로 받아들이는 것이다. 대한국인 각각이 고유성을 가진 서로의 타자 됨을 받아들일 때, 오로지 그때에만, 탈출의 자유는 똘레랑스의 자유로 전화될 수 있다.

기실 지금 헌법 1조를 말하고 있는 '우리 대한국민'이라는 이름 그 자체는 똘레랑스의 자유를 전제하고 있다. 이이름을 통해 대한국인은 서로를 보편적 자유의 존재로 받아들이고, 그들 사이에 하나의 명칭을 공유할 만한 연대를 마련했음을 확인하는 셈이기 때문이다. 나아가 헌법 전문은 좀 더 분명한 어조로 우리 대한국민이 똘레랑스의 자유를 지향함을 밝히기도 한다. 헌법 전문에 따르면 자유민주적 기본 질서는 "자율과 조화를 바탕으로" 삼는다. 자율은 독립을 전제하고, 조화는 타자를 전제한다. 이 양자는 똘레랑스, 즉 존재의 복수성과 다원성을 받아들이는 위에서만 가능한 가치들이 아닌가?

중첩적 합의

'우리 대한국민'의 자유는 탈출의 자유, 광야의 자유인 동시에 똘레랑스의 자유이다. 이러한 자유는 비지배-자유를 시도할 수 있는 유일한 상태이기도 하다. 그러나 본향을 떠나 광야에서 서로 연대하여 함께 살아가는 정도가 아니라 새로운 결의를 이루어 새로운 국가를 만드는 것이 목적이라면 이 정도의 자유만으로는 아직 부족하다. 똘레랑스의 자유는 서로에 대한 적대를 그만두고 환대를 시작함으로써 부정적이고 소극적인 비움의 자유로부터 돌아섰음을 의미할 뿐이다. 여기서 더 나아가 긍정적이고 적극적인 채움의 자유를 확보해야만 한다.

우리 대한국민은 서로에 대한 환대에 기초하여 그 이름을 가지게 된 이후에도 소위 '중첩적 합의(overlapping consensus)'를 확보하기 위하여 각고의 노력을 경주한다. 헌법 전문은 그 과정을 3·1운동과 대한민국임시정부, 그리고 그 법통을 이은 대한민국 헌법의 제정으로 요약한 뒤, 불의에 항거한 4·19민주이념을 초점으로 대한민국 헌정사를 해석한다. 그리고 바로 그와 같은 중첩적 합의를 통해, 또는 그와 같은 중첩적 자유의 행사로서 1987년 10월 29일의 제

9차 헌법 개정이 이루어졌음을 천명한다.

우리 대한국민이 중첩적 합의를 확보해가는 과정을 다른 말로 묘사해보자. 우리 대한국민은 광야로 나아온 뒤, 똘레랑스, 즉 서로에 대한 환대를 통하여 서로를 받아들인다. 그러나 각자의 모든 차이는 그대로 남아 있으며, 아직은 모두가 모두에게 여전히 비밀인 채로 존재한다. 중첩적 합의의 자유는 이 상태에 머물러 있지 않으려는 시도이다. 그것은 우리 대한국민 사이에서 같은 것, 공통적인 것을 애써서 찾고 또 그 결과물을 간직하려고 한다. 흥미롭게도 이 과정은 결코 일회성이 아니며, 중첩적 합의는 오히려 거듭될수록 더 두터워지고 더 깊어져간다. 그리고 이 과정은 끝없이 계속된다. 우리 대한국민은 여전히 서로에게 비밀로 남아 있기 때문이다.

이와 같은 일체의 과정은 우리 대한국민 가운데 존재하는 다양한 차이를 기초로 그 사이에서 '의미의 울림(resonance of meanings)'이 지속적으로 발생하는 것과 같다. 헌법 전문은 이 의미의 울림을 통하여 헌법이 합의되고 선포될 수 있었음을 증언한다. 1948년 7월 12일 제정된 헌법과 그에 따라 수립된 대한민국 정부의 현존은 우리 대한국민이 자신들 사이에 확보된 중첩적 합의를 제도적으로 구현했음을 증명하는 것이다. 헌법 전문은 이러한 중첩적 합의의 과정이 조국의 민주개혁과 평화적 통일을 향해 계속되어야 함을 요청하고 있다.

약한 고리

본향을 떠나 광야로 탈출한 대한국인은, 함께 고난의 역사를 경험하면서 서로에게 똘레랑스를 베풀고, 그 과정에서 우리 대한국민을 이루는 동시에, 그들 사이에서 헌법 제정의 가치적 토대가 될 중첩적 합의를 확보한다. 그러므로 우리 대한국민의 자유는 탈출의 자유이자 광야의 자유이며, 똘레랑스의 자유이자 중첩적 합의의 자유이다. 만약 이러한 자유들의 순차적 누적이 존재하지 않는다면, 우리 대한국민은 헌법의 주어가 될 수 없을 것이다.

우리의 텍스트인 헌법 1조는 탈출에서 광야로, 그리고 똘레랑스에서 중첩적 합의로 나아가는 자유의 누적을 전제한다. 다만, 헌법의 주어인 '우리 대한국민'이 헌법 1조에 드러나 있지 않듯, 텍스트에는 이와 같은 자유의 누적이 잘 표현되지 않는다. 헌법 1조는 그저 무덤덤하게 깔끔하고 군더더기 없는 두 문장을 말할 뿐이다. 우리가 헌법 전문에서 헌법의 주어를 찾고, 헌법 10조를 끌어들여 우리 대한국민의 자유를 읽어내야 하는 것은 텍스트 자체의 무미건조함에 기인한 바 크다.

여기서 한 가지 꼭 언급해야 할 문제가 있다. 대한민국 헌법은 이 자유의 누적 가운데 특히 똘레랑스의 자유에 관하여 적극적인 언급을 자제하고 있다. 특히 우리 대한국민이 대한민국이라는 헌정국가의 수립 과정에서 경험했던 남북 분단과 한국전쟁에 관해서는 조국의 평화적 통일을 우리 대한국민의 사명으로 규정한 전문의 표현 이외에는 영토 조항(제3조)이나 평화통일 조항(제4조)에서 간접적으로 언급할 뿐이다. 탈출-광야-똘레랑스-중첩적 합의로 이어지는 자유의 순차적 누적이 똘레랑스의 고리에서 약해져 있는 셈이다.

한국전쟁의 아픔을 치유하지 못한 채, 여전히 분단과 대치를 계속하고 있는 헌법정치의 현실에서 헌법 텍스트의 이와 같은 우회 발언 또는 의도적 침묵은 어느 정도 이해할 만하다. 그러나 그 때문에 헌법 1조에서 똘레랑스의 자유가 충분히 꽃피지 못하고 있음은 부인하기 어렵다. 똘레랑스의 자유가 부족하니, 중첩적 합의의 자유도 불완전하게 된다. 약한 고리를 채우기 위해서는 해석의 차원을 넘어 '우리 대한국민'의 현존을 직접 문제 삼는 수밖에 없다. 헌법 묵상은 때때로 헌법 해석을 넘어설 것을 요청한다.

그렇지만 이러한 한계에도 불구하고 헌법 1조는 충분히 감동적이다. 그 속에서 대한민국 헌법은, 그리고 대한민국이라는 민주공화국은, '우리 대한국민'의 자유의 실현으로서, 또한 그러한 자유의 실현을 위하여, 탄생한다. 우리 대한국민의 자유는 통속적인 자유주의자들이 말하듯 합리적 선택을 통해 스스로의 선호를 드러내는 고립된 개인들의 소유적 욕망이 결코 아니다. 오히려 그것은 탈출의 자유이자 광야의 자유이고, 똘레랑스의 자유이자 중첩적 합의의 자유이며, 함께 헌법을 약속하는 '우리 대한국민'이 서로에 대하여 경의와 신뢰와 책임감을 표현하는 방식이다. 이 자유의 본질이 무엇인지를 알려주는 핵심적인 단서는, 앞서 말했듯이, 헌법의 주어를 되살려 헌법 1조를 읽을 때 우리 대한국민 사이에서 언제든 다시 발생하는 어떤 감격, 어떤 기쁨의 현존이다.

넷.

똘레랑스는 어디서 오는가

/

　그러면 똘레랑스의 자유는 어떻게 우리 대한국민 사이에서 피어날 수 있는가? 헌법 텍스트가 짐짓 우회하고 있는 이 질문에 답하기 위해서는 부득이 해석의 차원을 넘어 '우리 대한국민'의 현존을 직접 문제 삼는 수밖에 없다. 한국전쟁을 몸소 겪었던 대한민국의 첫 세대를 초대하는 것으로부터 똘레랑스에 관한 묵상을 시작해보자. 그들은 누구인가?

　대한민국 정부가 수립된 1948년 8월 15일 현재 열 살을 조금 넘었던 소년들. 초등학교에 들어갈 때쯤 일제가 패망하여 일본어 공교육을 받지 않았던 이들은 오로지 한글로만 해방공간의 역사를 읽었다는 점에서 대한민국의 첫 세대이다. 양손에 태극기를 들고 민주공화국의 출범을 환호하던 이 소년들은 그로부터 2년이 지나지 않아 한국전쟁을 통해 그야말로 미증유의 폭력을 경험하게 된다. 총을 들고 실제로 전투에 참여했던 윗세대와 달리 피비린내 나는 폭력의 현장에서 이 소년들은 무엇을 경험했을까?

두 가지 느낌의 복합이었을 것이다. 하나는 이유를 알 수 없는 집단적 살육에 대한 무시무시한 공포, 다른 하나는 그럼에도 아무것도 할 수 없다는 처절한 무력감. 기껏해야 중학교 1, 2학년 나이였을 이 소년들에게 이는 너무도 무섭고 무거운 느낌이었으리라. 그렇다면 이들은 어떤 방식으로 공포와 무력감에 대응할 수 있었을까? 이것은 지금까지도 대한민국의 첫 세대를 규정하고 있는 시초체험(始初體驗)에 관한 질문이다.

1922년생으로 한국전쟁에 몸소 참전했던 소설가 선우휘는 1959년에 발표한 단편 〈단독 강화〉에서 동족상잔의 살육전 속에서도 타자와의 공존이 모색될 수 있음을 암시한 바 있다. 그러나 바로 윗세대의 이러한 암시가 이 소년들에게 현실적인 의미를 갖기는 어려웠다. 끝없는 공포와 처절한 무력감에 휩싸인 이들에게 강화(講和), 더욱이 단독 강화는 도저히 받아들일 수 없는 대안이었기 때문이다. 그렇다면 이 소년들에게 현실성을 가질 수 있었던 유일한 대안은 자신들의 편에서 비상사태를 선포하고, 모든 도덕적 판단을 중지시킨 뒤 압도적 폭력을 통해서 집단의 생존을 보장하는 근대적 주권국가가 아니었을까?

일찍이 토머스 홉스가 종교적 내전의 틈바구니에서 공포에 질린 채 합리적으로 구성해냈던 근대적 주권국가, 즉 리바이어던의 발생 과정은 이 소년들이 경험한 대한민국의 시초체험에서 고스란히 재현되었다. 죽음에 대한 공포로부터 합리적 복종계약을 끌어내고 다시 그로부터 비상사태를 주권의 명령으로 정당화하는 홉스의 논리는 모든 도덕적 판단을 뛰어넘는 제1의 자연법, 즉 "너 자신을 보존하라"는 명제를 기초로 대한민국이라는 근대적 주권국가를 정당화했다. 70년 가까운 세월이 흐른 지금까지도 백발 노년이 된 이 소년들은 대한민국의 이곳저곳에서 자신들의 시초체험에 입각한 비상사태론을 고집스럽게 설파하고 있다.

폭력을 응시함

이 소년들에게 헌법 1조는 어떤 의미일까? 이들이 '우리 대한국민'의 자유를 충분히 알지 못한다는 추정은 자못 근거가 있다. 무엇보다 지금 백발 노년이 된 이 소년들에게서는 헌법의 주어를 되살려 헌법 1조를 읽을 때 우리 대한국민 사이에서 언제든 다시 발생하는 감격과 기쁨이 도무지 느껴지지 않기 때문이다. 이들에게 헌법 1조는 무미건조한 주권의 포고문일 뿐이다. 이렇게 된 이유는 필시 탈출-광야-똘레랑스-중첩적 합의로 이어지는 자유의 순차적 누적이 똘레랑스의 고리에서 약해져 있기 때문일 것이다. 그렇다면 이 소년들은 어떻게 똘레랑스의 자유를 알 수 있을까?

선우휘가 〈단독 강화〉에서 암시했던 타자와의 공존 가능성은 이 문제에 관해서도 뜻하는 바가 많다. 그 암시는 참혹한 폭력의 현장에도 삶은 여전히 존재한다는 사실에서 출발한다. 물론 이때의 삶은 불안정하기 짝이 없는, 죽음에 직면한, 임시적이고 누추한 삶이다. 그럼에도 불구하고 그것은 여전히 삶이다. 이렇게 죽음의 공포가 아니라 삶이라는 현상에 주목하여 그로부터 다시 시작한다면 우리는 곧바로 근본적인 질문 하나를 제기할 수 있다. 삶을 위협하는 이 무시무시한 폭력은 어디서 온 것인가?

이 질문에 답이 무엇인지는 아직 그렇게 중요하지 않다. 결정적인 것은 이 질문을 던지는 것 그 자체이다. 모든 질문은 반문(反問)의 가능성에 열려 있으며, 그 때문에 항상 자문(自問)일 수밖에 없다. 따라서 이 질문은 스스로를 그 앞에 마주 세운다. 이러한 직면은 폭력에 대한 응시를 가능케 한다. 다만, 응시가 열매를 맺으려면 얼마간이라도 그 질문 앞에 머물러 있어야 한다. 〈단독 강화〉의 두 주인공이 타자와의 공존을 선택할 수 있었던 까닭은 죽음의 공포 대신 삶이라는 현상에 주목하여 얼마간이라도 폭력을 응시할 수 있었기 때문이다.

물론 폭력에 대한 응시는 폭력의 원인을 찾는 작업을 회피할 수 없다. 다른 집단의 강요나, 이익추구의 욕망이나, 우발적인 충동 같은 것들은 폭력의 궁극적 원인이 아니다. 그중 무엇이 일차적 원인으로 지목되더라도, 그다음에는 그 원인의 원인을 문제 삼게 되기 때문이다. 이러한 연쇄는 결국 폭력을 요청하는 명제가 궁극적으로 참이냐 거짓이냐의 문제로 우리를 이끈다. 폭력에 대한 응시는 폭력의 원인의 탐구를 통하여 진리의 문제에 도달하게 되는 것이다. 진리의 궁극적 표상이 신(神)이라면, 폭력의 원인의 탐구는 신 앞에 도달할 수밖에 없다. 폭력의 문제는 궁극적으로 신의 문제라는 말이다.

폭력의 존재론

이러한 깨달음은 폭력의 행사가 때때로 참혹한 모습으로 치닫게 되는 까닭을 설명해준다. 그 이유는 폭력의 행사가 진리의 실현, 곧 신의 뜻으로 정당화되기 때문이다. 신의 뜻이 결부되는 순간 폭력의 행사는 신의 뜻을 실현하는 과정으로서 결코 멈출 수 없는 시도가 된다. 이와 같은 상황에서는 논리적으로 하나의 대안만이 있을 수 있다. 그것은 바로 상대방을 절멸시킴으로써 더 이상 폭력의 행사가 필요 없는 상태를 실현하는 '절멸(絶滅)의 대안'이다. 〈단독 강화〉의 두 주인공도 처음에는 이 대안에 마주쳤다.

그러나 절멸의 대안은 스스로 절멸당할 위험을 감수하지 않는 한 시도할 수 없다. 더구나 그것은, 〈단독 강화〉의 두 주인공이 그러했듯이, 상대방의 얼굴을 보고 또 말을 섞은 다음에는 점점 더 수행하기가 어려워진다. 시간이 지나면 지날수록 절멸의 대안은 현실성을 잃어버린다. 그러면 어찌해야 하는가?

폭력의 존재론이 고개를 드는 것은 이때쯤부터이다. 폭력의 존재론은 폭력의 원인을 진리나 신의 문제와 연관시키지 말고, 폭력 그 자체의 존재로부터 찾자고 제안한다. 폭력의 존재론은 존재자를 위협하는 폭력 그 자체의 존재를 근거로 폭력의 원인에 대하여 판단중지를 선언하는 일종의 비상사태론이다. 이러한 판단중지를 통해 폭력의 존재론은 폭력의 문제를 진리나 신의 문제로부터 분리시켜 관찰하고 해결할 수 있는 논리적 교두보를 마련한다. 폭력의 존재론은 폭력에 대한 과학적 접근, 즉 폭력과학 또는 정치과학을 가능케 한다.

폭력과학 또는 정치과학이 내놓은 대안들 가운데 역사적으로 가장 각광받은 것은 세속적 주권 개념이다. 이 개념은 대내적으로 최고이며 대외적으로 독립인 최고의 세속 권력을 상정함으로써 프로테스탄트 종교혁명 이후 유럽 대륙을 휩쓴 종교적 내전을 종식시키는 데 크게 기여했다. 그 핵심은 폭력의 존재론을 근거로 정치를 진리 투쟁으로부터 분리시키는 지점이다. "진리가 아니라 권위가 법을 만든다 (Auctoritas, non veritas facit legem)!" 우리의 소년들이 선택한 근대적 주권국가는 이 '주권(主權, sovereignty)의 대안'을 기반으로 하고 있다.

주권의 이름으로 검열되는 진리 추구

'절멸의 대안'을 포기하고 '주권의 대안'을 선택하는 이 소년들을 누가 비난할 수 있을까? 그러나 이들에게 깊은 연민을 갖는 한편, 우리는 이제 그러한 선택의 기초가 된 폭력의 존재론 자체를 재고하지 않으면 안 된다. 앞서 말했듯이 세속적 주권 개념은 집단적 생존을 위하여 비상사태를 선포한 뒤 모든 폭력을 주권국가에 독점시킨다. 종교적 내전의 틈바구니에서 이 대안을 선택하는 사람들은 이 개념을 도구적 차원에서 이해할 수도 있다. 그러나 오래 지나지 않아 새로운 세대가 태어나면, 세속적 주권 개념은 마치 원래부터 정치의 규범적 전제였던 것처럼 강요되기 시작한다.

이 새로운 세대가 등장하는 국면에서 '주권의 대안'은 치명적인 한계에 봉착한다. 세속적 주권 개념은 진리 투쟁을 근대적 주권국가의 체계 안에 가두기 십상인 까닭이다. 이렇게 되면, 정치를 진리 투쟁으로부터 분리하려다가 결과적으로 근대적 주권국가를 진리의 검열관으로 삼는 일이 발생할 수도 있다. 때때로 근대적 주권국가는 진리의 궁극적 표상인 신을 추구하는 것에까지 검열을 확장하면서 리바이어던의 진면목을 노골적으로 드러낸다. 이 경우 주권의 권위와 경계에 갇혀 진리 추구는 불가능해진다.

폭력의 행사를 진리나 신의 문제로부터 분리하기 위하여 '절멸의 대안'을 거부하고 '주권의 대안'을 선택하는 것은 이해할 수 있다. 그러나 그렇다고 '주권의 이름'으로 진리, 즉 신을 추구하는 것을 금지해서는 안 된다. 폭력의 존재론은 정치를 진리 투쟁으로부터 분리하는 데는 도움을 주지만, 그럼에도 여전히 진리를 추구하는 데는 결정적인 방해가 된다. 그러면 어떻게 해야 세속적 주권 개념의 도구적 유용성을 받아들이면서도 폭력의 존재론을 극복할 수 있는가?

이중적 불화

여기서 '똘레랑스의 대안'이 요청된다. 그럼 똘레랑스란 무엇인가? 그것은 무엇보다 이중적인 불화(不和)의 논리이다. 첫 번째 불화는 폭력의 존재론 그 자체, 또는 그 제도적 표현인 세속적 주권 개념 또는 근대적 주권국가에 대한 것이다. 법의 이름으로 진리를 검열하는 근대적 주권국가와 불화하지 않고는 진리 추구를 그 바깥으로 확장할 수 없기 때문이다. 하지만 여기에는 한계가 있다. 폭력의 존재론과 불화하는 순간, 정치가 다시 진리 투쟁으로 변모하여 적나라한 폭력의 악순환이 재연될 수 있기 때문이다. 그러면 '절멸의 대안'이 고개를 드는 것은 시간문제이다.

바로 이 지점에서 똘레랑스는 정치를 진리 투쟁으로부터 분리하기 위한 두 번째 불화를 시도한다. 그러면 불화의 상대방은 누구인가? 폭력의 존재론이 비상사태를 선포하는 방식으로 진리 또는 신과의 절연을 선택한 것에 비하여 똘레랑스는 진리나 신 그 자체가 아니라 그것을 추구하는 자기 자신을 불화의 상대방으로 선택한다. 다시 말해, 똘레랑스는 자신이 진리라고 믿는 것 또는 믿어온 것, 즉 자신의 신과 불화하는 방식으로 정치를 진리 투쟁으로부터 분리한다. 똘레랑스는 진리를 무섭게 사랑하는 데서 오는 광신을 이러한 방식으로 뛰어넘는다.

그러면 똘레랑스는 진리에 대한 사랑을 중지시키는가? 결코 아니다. 똘레랑스는 폭력의 존재론과 불화함으로써 진리, 즉 신 앞으로 나아가고, 다시 자신이 진리라고 믿는 것, 즉 자신의 신과 불화함으로써 폭력을 중지시킨다. 그러나 그와 같은 중지는 어디까지나 잠정적이며 임시적인 것이다. 스스로를 정당화하려는 폭력의 욕망은 끊임없이 진리, 즉 신을 추구하며, 그 추구에 의하여 자신의 신과의 불화가 만들어낸 간극이 메워지는 순간 또다시 폭력의 존재론이 고개를 들기 때문이다.

그러나 이에 대하여 똘레랑스는 다시금 자신이 진리라고 믿는 것, 즉 자신의 신과의 불화를 시도함으로써 타자와의 공존을 모색한다. 이렇게 할 수 있는 까닭은 자신의 신과의 불화를 거듭하는 과정에서 똘레랑스가 진리, 즉 신에 대한 다른 관념을 확보하게 되기 때문이다. 진리는 누구에게도 복종하지 않으며 명령하지도 않는다. 그래서 우리가 자유로울 수 있는 것이다.

꺼림칙한 마음

그러나 지금까지의 묵상에는 한 가지 드러나지 않은 약점이 있다. 이 약점은 사실 매우 치명적인 것이다. 똘레랑스는 자신의 신과의 불화를 통해서 정치를 진리 투쟁으로부터 분리하고, 그렇게 확보되는 규범적 틈새를 활용하여 계속적으로 타자와의 공존을 모색하려는 기획이다. 하지만 도대체 어떻게 그와 같은 기획이 시작될 수 있는가? 도대체 어떻게 자신의 신과 불화하려는 용기를 가질 수 있는가?

폭력의 존재론에 굴복하여 세속적 주권 개념을 전제로 요구되는 똘레랑스는 사실 매우 속편한 주장이다. 이에 반하여 폭력의 존재론을 넘어서려는 똘레랑스는 지금까지 자신이 진리라고 믿어온 것, 즉 자신의 신과의 불화를 자초하는 것인 까닭에 결코 속편하게 주장될 수 없다. 똘레랑스의 심리상태는 불가지론의 문턱에서 서성이며, 똘레랑스를 선택했다가 진리에 의하여, 즉 신에 의하여 저주를 받게 될지 몰라 고민하는 꺼림칙한(scandalous) 마음에 차라리 유사하다. 그러므로 이와 같은 꺼림칙한 마음 상태를 넘어 똘레랑스를 선택하기 위해서는 무엇보다 용기가 필요하다. 똘레랑스는 근본적으로 이론의 문제가 아니라 실천의 문제이며, 그 본질은 자신의 신과 불화하려는 '용기'를 가지는 것이다. 그렇다면 이 용기는 또 어디에서 올 수 있는가?

살갗의 윤리

똘레랑스의 용기는 참혹한 살육의 현장에서 우리의 몸 전체가 반응하는 어떤 섬뜩한 느낌으로부터 출발한다. 몸

서리쳐지는 폭력의 현장에서 우리의 몸은, 특히 우리의 살 갗은, 타자의 몸이 찢겨나갈 때 그 진저리쳐지는 느낌을 전면적으로 공유하게 되지 않는가? 바로 그러한 살갗의 느낌 앞에서 우리는 마치 어떤 계시에 노출된 듯 '이건 아니다'라는 본능적 확신으로 나아가게 된다.

자신의 신과 불화하려는 똘레랑스의 용기는 이처럼 머리가 아니라 살갗에서, 명징한 논리가 아니라 압도적인 느낌으로, 한순간에 우리의 몸을 덮쳐오는 살갗의 윤리를 바탕으로 한다. 이 생소한 윤리는 능동적으로 또는 직접적으로 작동하지 않으며, 오로지 살갗을 찌르고 몸을 짓밟는 잔인함이 발생할 때만, 그로 인한 희생과 피 흘림을 통하여, 수동적으로 또는 간접적으로, 문득문득 자신을 드러낼 뿐이다. 이와 같은 살갗의 윤리는 섬뜩한 느낌을 공유하는 몸에게 잔인함을 거부하고 살육을 중단할 것을 요청한다. 바로 이와 같은 요청에 반응함으로써 똘레랑스의 용기가 출현한다. 진리에 의하여, 신에 의하여 저주받을지 모른다는 꺼림칙한 마음 상태를 넘어서는 똘레랑스의 용기는 살갗의 윤리로부터 정초될 수 있다.

참혹한 폭력의 현장에도 어김없이 존재하는, 불안정하기

짝이 없는, 죽음에 직면한, 임시적이고 누추한 삶을 통찰하는 데서 타자와의 공존이 비롯된다. 이때의 삶은 곧 '똘레랑스의 대안'이 출발하는 몸에 의하여 표상된다. 태어나고 자라고 늙고 썩어 없어진다는 점에서 몸은 어디까지나 각각의 생명에 고유한 현상이지만, 그 현상은 인간이라면 누구도 피할 수 없는 보편적 현상이기도 하다. 몸을 가지지 않은 인간은 살아 있을 수 없다. 이처럼 몸이라는 고유하고도 보편적인 현상에 집중함으로써 '똘레랑스의 대안'은 타자와의 공존을 정초한다.

따지고 보면, 몸은 다만 각각의 생명이 일시적으로 깃든 고유한 장소일 뿐이다. 그러나 바로 그 이유 때문에 몸은 참혹한 폭력을 가하기도 하고 그 대상이 되기도 하는 장소에서 순식간에 환대(歡待)의 사유와 행동이 시작되는 장소로 변모할 수 있다. 환대란 타자를 맞아들이는 주체가 그 또한 조금 먼저 온 손님에 불과하다는 사실을 인지하는 데서 출발하는 것이다. 참혹한 살육의 현장에서 우리의 몸 전체가 섬뜩한 느낌으로 반응할 때, 우리는 그 몸의 느낌으로 인해 우리 자신 또한 조금 먼저 온 손님에 불과하다는 사실을 깨닫게 된다. 그리고 그 깨달음에 터 잡아 자신의 신과 불화하려는 용기를 가짐으로써 환대의 사유와 행동이 가능하게 된다. 똘레랑스란 바로 이 몸에서 출발하여, 오직 그로부터 출발하여, 자신의 신과 불화하려는 용기를 가지는 것이다.

다섯.

주권인가, 헌정권력인가

/

　각자에게 고유한 존중을 돌린다는 점에서 '똘레랑스의
대안'은 자유주의의 일종으로 해석될 수도 있다. 그러나 똘
레랑스는 자유주의가 전제하는 원자적 개인이라는 낯선 설
정을 알지 못한다. 그 대신 똘레랑스는 '신성한 몸'이라는
테제에 의존한다. 비록 특정한 장소에 잠시 깃든 생명의 표
상일지언정, 인간의 몸은 신성한 가치를 내포하고 있다. 때
로는 폭력의 주체가 되기도 하고, 또 폭력의 대상이 되기도
하지만, 그 현장의 한가운데서 모든 폭력을 중단하고 똘레

랑스를 선언할 수 있는 가능성이 유일하게 인간의 몸에 깃들어 있기 때문이다.

이러한 이유로 똘레랑스는 신성한 몸의 경계선을 따라 정치적 주권의 범위를 설정한다. 정치적 주권은 결코 신성한 몸을 침범할 수 없다. 신성한 몸은 그 자체가 하나의 주권이기 때문이다. 정치적 주권은 오로지 신성한 몸의 바깥을 통치할 뿐이며, 그 안쪽은 신성한 몸의 윤리에 출발하여 자신의 신과 불화하려는 용기를 가질 수 있는 정신, 즉 양심이 다스린다. 똘레랑스의 자유는 신성한 몸의 경계선을 기준으로 주권을 개별화하고 또 분립시킨다.

대한민국은 헌법의 주어인 '우리 대한국민'의 자유의 실현으로서, 또한 그러한 자유의 실현을 위하여, 탄생한다. 이때 우리 대한국민의 자유는 탈출의 자유, 광야의 자유인 동시에 똘레랑스의 자유, 즉 신성한 몸의 경계선을 기준으로 서로를 독립한 주권자로 인정하는 데서 비롯되는 관계적 자유이다. 그러므로 헌법 1조를 국민주권의 선포로 이해하는 것은 단순하기 짝이 없는 독해이다. 오히려 그 두 문장은 우리 대한국민 각자가 신성한 몸의 경계선을 기준으로 독자적 주권을 보유한 존재라는 점과 함께, 우리 대한국민이 그러한 사실을 깊이 받아들였으며, 자신들의 민주공화국을 그 전제 위에서 구성할 것이라는 다짐으로 이해되어야 한다.

신성한 몸들

그러므로 헌법 1조의 첫 문장은 비유컨대 '우리 대한국민이 대한민국의 왕이다!'라는 문장으로 해석되어서는 결코 안 된다. 그것은 오히려 '우리 대한국민 가운데는 더 이상 왕이 없다!'는 문장으로 해석되어야 한다. 이렇게 읽을 때에만, 탈출-광야-똘레랑스를 잇는 자유의 순차적 누적이 오롯이 살아날 수 있다. 헌법 1조의 첫 문장은 우리 대한국민이 스스로를 주권자로 내세우는 주권자 선언이 아니라 우리 대한국민이 서로를 주권을 가진 신성한 몸으로 받아들이는 시민 선언이다.

헌법 1조의 첫 문장에 대한 이와 같은 독해는 헌법을 발화할 때 우리 대한국민 사이에서 언제든 다시 발생하는 감격 또는 기쁨과 닿아 있다. 왜냐하면 그것은 '절멸의 대안'과 '주권의 대안'을 버리고 '똘레랑스의 대안'을 선택함으로써 서로를 신성한 몸으로 대접하기로 약속하는 만남인 까닭이다. 신성한 몸은 다른 신성한 몸과 만날 때 감격과 기쁨을 경험한다. 또한 흥미롭게도 이 만남은 한 번의 우연한 지나침으로 끝나는 것이 아니다.

서로를 신성한 몸으로 대접한다는 것은 신성한 몸의 경계선을 기준으로 서로를 '다름'으로 또는 '비밀'로 놓는다는 말이다. 서로가 서로를 다르다고 놓으면 그 사이에서는 같은 것, 공통적인 것이 발생하게 된다. 같은 것, 공통적인 것의 발생은 끊임없이 계속되고 끝없이 이어진다. 그 이유는 처음부터 서로가 서로를 다르다고 놓은 뒤 그 사이에서 같은 것, 공통적인 것을 찾고자 했기 때문이다. 이것이야말로 똘레랑스의 자유에서 비롯되는 중첩적 합의의 신비이다. 중첩적 합의는 역동적인 동시에 무한한 생성이며, 그로부터 똘레랑스의 자유는 중첩적 합의의 자유로 진화한다.

주권 개념이라는 마스터키

'우리 대한국민'은 탈출-광야-똘레랑스-중첩적 합의의 연속선 위에서 헌법 1조 1항을 선언한다. "우리 대한국민이 말한다. 대한민국은 민주공화국이다." 이 문장을 해석하면서 헌법교과서는 난데없이 주권 개념을 활용하기 시작한다. 텍스트에는 아직 주권 개념이 등장하지 않았는데, 해석자가 먼저 주권 개념을 쓰는 셈이다. 헌법이론에서 가장 복잡하고 어려운 주권론을 헌법교과서는 군주주권에서 계급주권과 국가주권을 거쳐 국민주권에 이르기 위한 발전 과정이라고 단정한 뒤, 헌법 1조는 국민주권을 선언하고 있다고 설명한다. 틀린 설명은 아니지만, 빈약하기 짝이 없는 해석이다. 헌법교과서의 논리 전개는 활력이 없고, 무언가 겉핥기에 머무르는 인상을 준다.

　다시 말하건대, 이러한 해석은 헌법 1조의 첫 문장을 근대적 주권국가의 선포문으로 읽는 것이다. 이 문장을 하나의 정언 명령으로서, 대한민국이 민주공화국인 이유에 대한 설명을 생략한 채, 단지 그 문장의 법적 효력을 포고하는 문장으로 해석하는 것이다. 이 해석의 저변에는 '헌법제정권력＝주권'의 도식이 존재한다. 이에 따르면 먼저 국민이 있었다. 그들은 헌법제정권력자로서 주권적 결단에 입각하여 대한민국을 만들었고 그 국가의 헌법을 제정했다. 따라서 대한민국의 헌법은 대한민국에서 비롯되고, 대한민국은 대한민국의 주권에서 비롯되며, 대한민국의 주권은 헌법제정권력자이자 주권자인 국민에서 비롯된다. 그러므로 헌법 1조 1항은 '국민→주권→국가→헌법→국민'의 순서로 해석되어야 한다는 것이다.

그러나 솔직히 말해서 이러한 해석론은 순환 논리이다. 국민에서 출발하여 다시 국민으로 돌아오는 논리이기 때문이다. 그리고 이 순환 논리에는 결정적인 문제가 있다. 만약 국민이 헌법제정권력자이자 주권자라면 그들은 어떻게 국민이 될 수 있는가? 국민은 언제나 국가에 의해서만, 더 근본적으로는 그 국가를 창설하는 주권에 의해서만 확인될 수 있는 존재가 아닌가? 달리 말해, 대한민국의 국민은 대한민국의 주권을 전제로만 가능한 존재가 아닌가?

이와 같은 의문들에도 불구하고 헌법교과서가 국민에서 출발하여 다시 국민으로 돌아오는 순환 논리를 고집할 수 있는 이유는 바로 주권 개념 때문이다. 헌법교과서의 주권 개념은 해석론상의 모든 어려움을 단박에 정리해버리는 개념적 해결사요 마스터키나 다름없다. 그에 따르면, 주권은 개념 정의상 시원적이고 독립적인 최고 권력이며, 바로 이 주권이 모든 것을 결정한다. 따라서 국민도 국가도 헌법도 모두 주권의 작품이며, 정의와 권위와 법, 심지어 진리까지도 주권의 결정에 복속해야 한다. 바로 이와 같은 사고방식이 헌법교과서의 해석론의 근저에 흐르고 있다.

'우리 대한국민'과 '대한민국의 국민'

그러나 헌법 1조의 첫 문장을 이렇게 해석하는 것은 과연 옳은가? 우리는 헌법의 주어인 '우리 대한국민'을 헌법 2조에 등장하는 '대한민국의 국민'과 동일시해서는 안 된다. 후자는 헌법의 주어가 아니라 대한민국의 법적 구성원을 가리킬 따름이다. 그럼에도 양자를 동일시하는 논리가 통용되는 까닭은 헌법이 사용하는 '국민'이라는 단어의 이중성 때문이다. '우리 대한국민'은 헌법을 제정한 뒤 그 헌법에 따라 대한민국을 창설하는 전(前)국가적인 개념이다. 따라서 이 점을 드러내려면 마땅히 영어의 'people'에 해당하는 '인민(人民)'을 사용해야 한다. 그러나 남북 분단의 이념적 상황 때문인지 헌법은 한사코 국가 내적 개념인 '국민(國民)'을 고집한다. 물론 헌법의 주어는 '우리 대한국민'으로 구분하지만, 따로 애쓰지 않는 한, 이 구분은 제대로 식별되지 않는다.

이러한 난점을 극복하기 위해서 잠시 헌법의 주어인 '우리 대한국민'을 'We the Korean people'로 바꾸어보자.

'We the Korean people → 헌법→ 국가→ 주권→ 대한민국의 국민'의 순서는 확연히 다른 느낌으로 다가오지 않는가? 헌법교과서의 순환 논리가 깨어진 자리에는 'We the Korean people'이 스스로의 자유의 발현으로서 헌법을 제정한다는 점이 자연스럽게 드러난다. 대한민국은 'We the Korean people'이 제정한 헌법에 의하여 비로소 구성되며, 그 헌법 속에서 주권은 항상 헌법에 의하여 구성된 '대한민국의 주권'으로서 나타나게 된다. 헌법 2조의 '대한민국의 국민'은 'We the Korean people'이 자신들의 작품인 헌법 속에서 국가 내적 존재로 스스로를 재확인하는 방식일 따름이다.

그렇다면 이때 'We the Korean people', 즉 헌법의 주어인 '우리 대한국민'이 가지는 헌법적 권력은 어떻게 표현되어야 할 것인가? 헌법의 주어인 '우리 대한국민'은 탈출의 자유와 광야의 자유, 똘레랑스의 자유와 중첩적 합의의 자유의 실현으로서 그들 사이에서 헌법을 약속한다. 이와 같은 헌법적 언약(constitutional covenant)은 '우리 대한국민'이 서로의 자유를 확인하고 그 자유를 보장할 것을 약속하는 것이며, 함께 헌법을 약속하는 '우리 대한국민' 사이에 존재하는 서로에 대한 경의와 신뢰와 책임감의 표현으로서, 언제나 그들 사이에 감격과 기쁨을 동반하는 것이다. 그러므로 이를 권력적 개념으로 규정하는 것은 그리 적절한 일이 아니지만, 굳이 표현하자면 주권이 아니라 헌정권력(constituent power)으로 개념화해야 할 것이다.

여기서 헌정권력은 헌법교과서에서 헌법제정권력으로 설명하는 것과 상당히 유사하게, 실정법질서를 창조하고(창조성), 스스로 정당성의 근원이 되며(시원성), 모든 권력의 포괄적 기초(불가분성)일 뿐만 아니라 다른 존재에게 양도할 수 없는(불가양도성) 등의 성질을 가지며, 그 점에서 주권 개념과도 상통하는 측면이 있다. 하지만 두 가지 측면에서 헌정권력은 결정적으로 다르다. 첫째, 헌정권력은 오로지 '헌법을 통해서' 작동하는 권력으로서 헌법에의 가치적 구속을 스스로 받아들이는 자기 구속적 권력이다. 따라서 개념 정의상 헌법에의 가치적 구속으로부터 자유로운 주권과는 근본적으로 다르다. 둘째, 헌정권력은 헌법의 주어인 '우리 대한국민'이 언제나 보유하는 권력으로서 헌법의 제정과 개정, 입법과 헌법해석, 국가긴급권이나 저항권의 행사, 직접행동민주주의 등 헌법 제도의 안팎에서 다양한 방식으로 작동할 수 있는 항상적 권력이다. 헌정권력은 헌법제정권력이나 헌법개정권력은 물론 헌법에 의하여 구성되는 모든 국가적 권력의 원천인 동시에 정당성의 근원이다.

이처럼 헌정권력은 헌법의 주어가 헌법적 언약을 통해 서로에게 자유를 부여함으로써 스스로를 구속하는 독특한 형태의 권력이다. 이때 헌정권력이 드러나는 방식은 주권이 아니라 헌법을 통해서이다. '우리 대한국민'의 헌정권력은 주권이 아니라 헌법을 통하여 새로운 국가를 '대한민국'으로 명명하고 그 본질을 민주공화국으로 규정한다. 대한민국 헌법은 '우리 대한국민'의 자유의 실현, 즉 그 헌정권력의 행사를 통해 만들어지고 또 유지된다. 헌법 텍스트는 헌법의 주어인 '우리 대한국민'을 전국가적인 개념으로 사용하지만, 주권은 항상 '대한민국의 주권'으로, 즉 국가 내적인 일종의 도구적 개념으로만 사용하고 있다.

/

여섯.

민주공화국

/

이제 우리 대한국민은 탈출의 자유, 광야의 자유, 똘레랑
스의 자유, 그리고 중첩적 합의의 자유에 기초하여 헌정권
력을 행사함으로써 헌법 1조의 첫 문장을 선언한다.

"대한민국은 민주공화국이다."

이 문장의 발화는 분명히 대한민국이라는 이름에서부터
이루어진다. 민주공화국이라는 선언은 그다음에 따라온다.

이 때문에 한 가지 오해가 생길 수 있다. 대한민국이 먼저 있었고, 헌법의 선언에 의하여 비로소 민주공화국이 된 것이라는 오해 말이다.

헌법의 이 선언 이전에 모종의 정치공동체가 있었던 것은 역사적 사실이다. 그러나 헌법의 1조의 첫 문장을 그 정치공동체에 대한민국이라는 새로운 이름을 부여한 것 정도로 해석할 수는 없다. 오히려 핵심은 정치공동체의 구성방식 자체가 바뀌었다는 점이다. 이 새로운 정치공동체는 왕조국가나 제국주의 식민지배나 점령군의 군정이 아니라 우리 대한국민의 헌정권력에서 비롯되는 민주공화국이다. 그러므로 헌법 1조의 첫 문장을 제대로 해석하기 위해서는 차라리 이 문장의 어순을 뒤집어 다음과 같이 풀어 써야 한다.

"우리 대한국민이 이 헌법을 통해 구성하는 민주공화국의 이름은 대한민국이다."

1948년 6-7월의 헌법제정 과정에서 국호(國號), 즉 새로운 나라의 이름을 고민했던 제헌의원들은 민주공화국의 뜻을 어떤 이름에 담을지를 두고 토론을 전개했다. 제헌의회의 속기록을 보면, 망국과 피식민에 의해 더럽혀진 조선이라는 이름을 옹호하는 의원들은 거의 없다. 하지만 많은 의원들이 민주공화국의 이름으로 대한민국이 최선인지에 관하여 의문을 가졌던 흔적이 있다.

토론에 드러나는 논점은 크게 두 가지이다. 먼저 대한민국의 '대(大)'자가 제국주의적 뉘앙스를 풍기므로 재고가 필요하다는 문제제기이다. 그러고 보면 제국주의 국가들은 하나같이 국호에 '대'자를 달고 나타난다. 대영제국, 대프랑스제국, 대독일제국, 대일본제국 등. 일부 의원들은 제국주의에 반대해서 독립한 우리가 나라 이름에 '대'자를 붙여서는 곤란하다고 주장한다. 다른 이의는 이와는 사뭇 방향이 다르다. 대한민국의 '한(韓)'이 함의하는 강역이 조선이나 고려에 비하여 너무 협소하다는 지적이다. 남북 분단의 현실을 극복해야 한다는 주장과 다분히 상통하는 문제제기이다.

제헌의회의 속기록은 이러한 의문에 대하여 충분한 답변이 이루어지지 않은 채 새로운 민주공화국의 국호가 대한민국으로 결정되었음을 보여준다. 다만 대한민국이라는 이름이 다른 이름에 비하여 훨씬 선호될 수밖에 없었던 측면은 존재한다. 제헌헌법의 전문에 드러나듯, 제헌의회는 1919년의 3·1운동으로 대한민국이 이미 건립되었으며 1948년의 헌법제정은 그 대한민국을 재건하는 행위라는 역사 인식을 공유하고 있었던 까닭이다.

대한민국이라는 이름은 아주 중요하다. 하지만 더 중요한 것은 그 이름이 민주공화국이라는 뜻을 담는 그릇이라는 사실이다. 우리 대한국민은 민주공화국의 이름으로 대한민국을 선택했다. 따라서 대한민국이라는 이름의 해석보다 더욱 결정적인 것은 그 내용을 이루는 민주공화국에 대한 해석이다. 대한민국은 이 새로운 민주공화국의 이름이기 때문이다.

자유의 프로젝트

흥미롭게도 헌법교과서에 대한민국이라는 국호의 의미에 관한 해설은 잘 나오지 않는다. 그 대신 헌법교과서는 헌법 1조에 관하여 고전적인 국체(國體)론 또는 정체(政體)론을 전개하거나, 국민주권론에 대한 부연 설명을 장황하게 이어가거나, 국제법학에서 근대 국가의 세 요소로 거론되는 주권, 국민, 영토에 관하여 해설을 시작한다. 하지만 설명에는 도무지 활력이 없고, 그저 무료하게 지식을 나열하는 분위기가 뚜렷하다. 어쩌면 이는 민주공화국의 의미를 정면으로 해석하지 않기 위한 우회일지도 모른다. 민주공화국의 의미를 정면으로 묻고 답하려는 태도는 어디에도 없다.

왜 그럴까? '대한민국은 민주공화국이다'라는 이 선언이 헌법의 주어인 '우리 대한국민'의 자유의 행사로서 등장한다는 점에 주목하지 않기 때문이다. '우리 대한국민'은 탈출의 자유, 광야의 자유, 똘레랑스의 자유, 그리고 중첩적 합의의 자유에 기초하여, 또한 그러한 자유를 실현하기 위하여, 그들 사이에서 헌법을 약속한다. 그리고 그 헌법적 언약에서 비롯된 헌정권력을 가지고 민주공화국을 구성한다. 이 새로운 민주공화국의 이름은 대한민국이다.

그러므로 대한민국은 그 무엇이기에 앞서 우리 대한국민이 시작한 자유의 프로젝트라고 말해야 한다. 아니 민주공화국 자체가 자유의 프로젝트라고 말해야 옳다. 민주공화국은 대한민국이라는 이름이 아직 지어지기 전이거나 다른 이름이 되더라도 결코 바뀔 수 없는 헌법 1조의 진실이기 때문이다. 우리 대한국민은 헌법 1조의 첫 문장을 통하여 자신들의 자유를 미래를 향해 투사한다. 탈출과 광야와 똘레랑스와 중첩적 합의의 자유를 기초로, 그 자유를 선언하고 또 그 자유를 함께 누릴 것을 청하면서, 스스로를 자유의 존재로 드러낸다. 대한민국이라는 민주공화국은 출발점에서부터 우리 대한국민의 자유의 프로젝트인 것이다.

자유의 프로젝트로서 민주공화국이 가지는 의미는 헌법 1조의 선언을 듣는 상대방을 떠올릴 때 가장 잘 드러난다. 조선 총독이나 일본 왕에게 헌법 1조는 해방의 선언이다. 미군정에게 그것은 자주의 선언이다. 조선왕조의 왕위계승권자들에게 그것은 민주의 선언이다. 어디 그들뿐인가? 이역만리에 흩어진 한민족에게 그것은 독립의 선언이다. 다른 독립국가의 국민들에게 그것은 평등의 선언이다. 아직 독립을 이루지 못한 여러 식민지 백성들에게 그것은 반(反)제국주의의 선언이다. 하지만 헌법 1조의 선언을 듣는 가장 중요한 상대방은 역시 동료 대한국민이다. 다른 상대방은 동료 대한국민을 전제로 비로소 상정할 수 있을 뿐이다. 그러면 이 동료 대한국민을 상대방으로 놓을 때, 민주공화국 프로젝트는 또 어떤 의미로 드러나는가?

민주의 프로젝트

솔직히 인정하자. 자유를 말할 때, 우리는 언제나 타자의 자유에 앞서서 나의 자유, 우리의 자유를 먼저 떠올리는 경향이 있다. 아니 굳이 그렇게 생각할 필요도 없을 만큼, 우리에게 자유는 항상 주체의 자장(磁場) 속에서 출현한다. 크든 작든 자유의 동심원은 늘 주체로부터 그어진다. 그러나 이것은 과연 피할 수 없는 한계인가? 우리는 언제까지라도 자신의 자유를 타자의 자유보다 더 우월한 것으로 관념하고, 모든 것을 주체의 방향으로 환원시키는 동일자 중심의 경향성에서 벗어날 수 없는 것인가?

동일자 중심의 경향성이 노정되는 순간 우리 대한국민의 자유는 더 이상 존립할 수 없다. 왜냐하면 그때 우리 대한국민은 안으로부터 분열되며, 그들의 자유는 단지 고립된 개인들의 소유적(possessive) 욕망으로 전락하기 때문이다. 민주공화국 프로젝트는 자유의 프로젝트이지만, 동시에 자유에 담긴 이와 같은 부정적 경향성을 통찰하고 그것에 결연히 맞서려는 기획이기도 하다. 그것은 우리 대한국민에게 각자가 스스로를 자유의 존재로 내세우기에 앞서 동료 대한국민을 자신과 동등한 자유의 존재로 받아들이라고 요청한다. 그리고 이러한 요청을 대내외적으로 천명하는 동시에 적극적으로 그 동등함을 실현하라고 요구한다.

이처럼 민주공화국 프로젝트는 우리 대한국민이 각자의 자유에서 출발하여 서로의 자유로, 상호간의 평등으로 나아가면서, 자유인의 동등함을 적극적으로 실현하려는 기획이다. 이러한 방향성을 보장하기 위하여 헌법은 기본권의 목록을 구체화하고 민주정치의 제도들을 구비하게 될 것이다. 그러나 그에 앞서 헌법 1조는 이와 같은 방향성을 한 단어로 축약하여 대한민국의 본질로 규정한다. 자유인의 동등함을 정치적으로 표현하기 위해서는 '민주'라는 한 단어면 충분하다. 그래서 대한민국은 그저 공화국이 아니고 민주공화국인 것이다.

그러므로 비유컨대 헌법 1조의 첫 문장은 결코 자유의 이름으로 왕이 되려는 욕망을 체현하려는 주권자들의 자기현시로 해석되어서는 안 된다. 오히려 그것은 왕이 되려는 욕망을 결연히 꺾어버리고 동료 대한국민을 자유의 존재로 인정하는 동시에, 그와의 평등, 즉 자유인의 동등함을 기꺼이 받아들이며, 더 나아가 그 평등을 적극적으로 실현하려는 다짐으로 이해되어야 한다. 이렇게 읽을 때, 민주공화국은 자유의 프로젝트를 넘어서, 자유인의 동등함을 실현하기 위한 평등의 프로젝트이자 민주의 프로젝트가 된다.

똘레랑스의 자유

민주주의를 주장하는 사람들은 민주주의의 정당성을 증명하기 위하여 고민을 거듭한다. 고민에 지친 사람들이 흔히 빠지기 쉬운 유혹은 민주주의의 적을 규정한 뒤 그와의 대립관계에서 민주주의를 생각해보는 것이다. 민주주의의 적에 맞서는 것을 민주주의와 동일시하면 정당화가 쉽다고 생각하기 때문이다. 그러나 민주주의의 적에 맞서는 것은 민주주의와 범주가 다르며, 그렇게 해서는 민주주의의 정당성이 증명되지 않는다.

헌법 1조는 이와 같은 유혹으로부터 저만큼 벗어나 있다. 헌법 1조는 당연하게도 민주주의를 우리 대한국민의 자유에서부터 정초한다. 다만 이때의 자유는 일상에서 거론되는 자유와 달리 동일자가 아니라 타자를 바라보고 있다. 헌법 1조는 동일자 중심주의에 빠지기 쉬운 자유의 부정적 경향성을 의식하면서, 자신의 자유를 근거로 타자의 자유를 긍정하고, 자유인의 동등함에서 타자와의 관계를 시작하며, 또 그것을 적극적으로 실현하려고 한다. 이처럼 독특한 모습의 자유의 이름으로는 아마도 똘레랑스의 자유 외에 다른 대안이 없을 것이다.

똘레랑스의 자유는 살갗의 윤리에서 출발한다. 똘레랑스의 자유는 민주주의의 적을 찾지 않는다. 왜냐하면 그것은 살갗의 윤리로부터 민주주의를 스스로 요청하기 때문이다. 똘레랑스의 자유의 이름으로 신성한 몸의 경계선을 받아들인 우리 대한국민 사이에는 자연스럽게 비지배-자유가 자리 잡는다. 그리고 이는 자유인의 동등함으로서 평등을 불러들이며, 그로부터 당연하게 민주주의가 요청된다.

자유의 야망

그러나 똘레랑스의 자유가 민주주의를 당연하고도 자연스럽게 요청한다고 해서, 아무런 문제가 발생하지 않는 것은 아니다. 자유에는 소극적 자유만이 아니라 적극적 자유도 존재한다. 적극적 자유는 삶의 주인이 되어 세계 속에 자신을 실현하겠다는 욕망이 자유와 결합되는 것을 말한다. 적극적 자유를 추구하는 가장 손쉬운 방식은 신성한 몸의 범위를 확대하고 팽창시키는 것이다. 한편으로는 노동과 소유와 기술에 의하여, 다른 편으로는 표현과 소통과 기억에 의하여 적극적 자유의 신봉자들은 끊임없이 신성한 몸의 범위를 확대하고 팽창시킨다. 그리고 이를 통해 적극적 자유는 스스로 권력이 된다. 권력은 주체의 현존의 가능 범위를 끊임없이 확대하고 팽창시키는 방식으로 나타난다. 적극적 자유는 아주 쉽게 권력의 모습으로 변모한다.

여기에 자유와 권력의 미묘한 결합이 발생한다. 민주주의가 적극적 자유의 가장 확실하고 안정적인 실현방식으로 인식되는 것이다. 민주주의는 동의에 의한 지배(rule by consent)를 통해 타자의 인정을 확보해주는 까닭이다. 기실 민주주의는 타자의 인정을 확인하려는 주체의 욕망을 '주인 대 노예'의 관계가 아니라 '주인 대 주인'의 관계에서 확보할 수 있는 유일한 방식이다. 더구나 민주주의는 신성한 몸의 확대와 팽창을 개인의 차원에서 공동체의 차원으로 변모시키며, 그러한 변모를 정당화하기까지 한다. 민주주의를 경유함으로써 정치공동체 자체가 신성한 몸으로 격상된다는 말이다. 그리고 적극적 자유는 정치공동체라는 신성한 몸을 더 확대하고 팽창시킨다. 민주주의 제국은 그러한 확대와 팽창이 세계적 규모에 도달한 모습이리라.

적극적 자유와 민주주의의 결탁은 우리 대한국민을 번민하게 만든다. 우리 대한국민이 만든 대한민국이라는 민주공화국은 스스로를 신성한 몸으로 정당화할 뿐만 아니라 그 범위를 끝없이 확대하고 팽창시키려는 욕망에 노출될 수밖에 없다. 양자의 결탁을 받아들여 확대와 팽창을 선택할 경우, 근대적 주권국가를 넘어 위대한 문명을 건설할 가능성도 없지는 않을 것이다. 어쩌면 대한민국이라는 국호를 굳이 '대(大)'자로 시작한 것은 그러한 야망을 은밀하게 담아둔 것인지도 모른다. 불과 십여 년 전 월드컵 축구에서 4강에 진출했을 때만 해도 그러한 분위기가 엇박자 박수소리에 담겨 방방곡곡 울려 퍼지지 않았던가?

그러나 이 대목에서 헌법 1조는 최상의 시나리오 대신 최악의 상황을 떠올리는 것으로 보인다. 우리 대한국민이 만든 대한민국의 확대와 팽창은 또다시 누군가에게 피비린내 나는 폭력을 강요하게 될지도 모르기 때문이다. 그 누군가에게 이러한 강요는, 대한민국의 첫 세대가 경험했던 것처럼 공포와 무력감으로 가득한 시초체험을 강요하게 될 것이다. 확실히 적극적 자유와 민주주의의 결탁은 대혁명 이후 프랑스 시민들이 자유·평등·박애의 혁명정신을 프랑스 국가의 영광과 결합시켰던 방식으로 우리 대한국민의 자유와 대한민국의 영광을 한데 엮어버릴 위험을 가지고 있다. 불길한 예감이 우리 대한국민을 엄습한다. 그러면 헌법 1조는 이에 대하여 어떻게 대처하는가?

공화의 논리

민주공화국 프로젝트를 자유의 프로젝트에서 평등의 프로젝트이자 민주의 프로젝트로 확장하면 어려운 문제가 발생한다. 민주주의를 통하여 평등을 적극적으로 실현하는 과정에서 우리 대한국민들 사이에 자유의 비대칭을 낳게 되기 때문이다. 민주공화국에서 자유와 평등, 자유와 민주가 서로에게 모순적이게 되거나 나아가 적대적이게 되는 상황은 수시로 발생한다. 특히 민주주의가 다수결의 방식으로 수행되면 다수자의 자유와 소수자의 자유가 비대칭이 되어 소수자의 자유가 위협당하는 상황을 피할 수 없다. 자유와 평등, 자유와 민주의 모순적 길항관계를 효과적으로 관리하지 못한다면, 민주공화국 프로젝트를 추진하는 것은 불가능하다.

이 지점에서부터 민주공화국 프로젝트는 자유의 프로젝

트와 민주의 프로젝트를 넘어 공화(共和)의 프로젝트가 된다. 그 출발점은 자유와 평등, 자유와 민주의 모순적 길항관계를 현실로 인정하는 것이다. 그리고 이 둘 중 어느 한쪽을 선택하는 방식으로 이 모순적 길항관계를 해소하기를 거부하는 것이다. 민주공화국은 오로지 자유와 민주를 모두 붙잡고, 끊임없이 그리고 끝까지 양자를 조화하며 타협시키는 방식으로만 계속될 수 있다.

헌법 1조의 첫 문장은 이와 같은 태도를 '공화'의 논리로 압축하여 제시한다. 공화주의는 자유의 이념과 민주의 이념을 서로에게 맞세운 뒤, 그 사이에서 시공간적 상황에 맞는 제도적 타협책을 그때그때 확보하려는 기획이면서, 그 과정에서 그와 같은 이념적 긴장을 능히 견디어낼 수 있는 덕성을 갖춘 헌법적 시민을 양성하려는 기획이다. 자유와 민주 중 어느 하나만을 선택해서는 민주공화국 프로젝트는 계속될 수 없다. 반드시 이 둘을 모두 선택해야 하며, 양자의 접목과 조화를 끊임없이 추구해야만 하고, 그 추구를 지속할 수 있는 역량을 지속적으로 확보하지 않으면 안 된다.

끊임없이 처음부터 다시

공화의 프로젝트로서 민주공화국 프로젝트는 크게 세 차원으로 구분된다. 먼저 제도의 차원에는 수많은 역사적 경험을 통해 축적되어온 견제와 균형의 제도적 장치들이 존재한다. 멀리 서양의 고대 정치사상까지 소급되는 고차법(the Higher law)[1]과 혼합정체(the mixed government)[2]가 있고, 근대적 헌정주의의 산물인 기본권, 삼권분립, 의회주의, 선거제도, 폴리아키(polyarchy)[3]도 있다. 20세기의 헌정사를 통해서는 혼합경제, 연방주의, 국제인권기구의 헌법적 중요성이 확인되기도 했다. 헌법교과서가 자유민주적 기본 질서의 내용으로 열거하는 제도들은 공화주의의 산물들이다.

---

1   고차법: 실정법규의 효력을 중지시킬 때 등장하는 보다 높은 차원의 법을 말한다. 도덕법, 관습법, 자연법, 신법神法, 국제법 등이 고차법으로 활용되었다.

2   혼합정체: 왕정, 귀족정, 민주정의 장점을 모두 제도화한 정치체제를 일컫는다. 폴리비우스가 로마공화국의 정치체제를 혼합정체로 파악한 이래, 서구의 정치사상의 중심을 이루었다.

3   폴리아키(다두多頭정치체제): 미국의 정치학자 로버트 달이 현대 사회에서 다원적 민주주의의 구현을 위해 제안한 개념이다. 경쟁과 참여를 핵심 가치로 삼아, 다수의 지배를 다양한 소수파들이 결사를 통해 경합한 결과로 이해한다.

하지만 이러한 제도들은 고정된 것이 아니며 헌정이 처한 구체적인 조건과 상황 속에서 끊임없이 재구성되어야 한다. 이와 같은 재구성을 가능하게 만드는 것은 제도가 아니라 민주공화국 프로젝트의 뜻을 깊이 이해하는 헌법적 시민들의 역량이다. 헌법적 시민들은 적시적소에 견제와 균형의 제도적 장치들을 만들거나 고치거나 부활시킨다. 이 과정에서 심지어 자신들의 희생을 감수하기까지 한다. 이러한 헌법적 시민들은 오로지 헌법적 덕성을 함양하는 방식으로만 탄생할 수 있다. 시민들은 통치자의 덕성을 함양하고 통치자는 시민들의 덕성을 함양할 때, 민주공화국 프로젝트는 생명력을 얻을 수 있다.

이에 더하여 민주공화국 프로젝트는 제도의 차원과 덕성의 차원을 연결하는 제3의 차원을 가지고 있다. 그것은 바로 법치의 차원이다. 법치는 보통법(Common Law)의 이념 아래 통치자와 피치자에게 동일한 법규범에 복종할 것을 요구한다. 이러한 요구는 사실 피치자에게는 새로울 것이 없으나 통치자에게는 단박에 거부해버리고 싶을 만큼 껄끄럽고 거북한 것이다. 그럼에도 불구하고 통치자가 이 요구를 명예롭게 받아들일 때, 민주공화국은 곧바로 법의 정신을 덧입게 된다. 법의 정신은 민주공화국의 영혼이나 다름 없다.

헌법 1조의 첫 문장이 말하는 민주공화국은 법의 정신을 바탕으로 공화주의의 제도와 덕성을 실현하는 헌법적 시민들 속에 현존한다. 공화의 프로젝트에 의하여 민주공화국 프로젝트는 자유의 프로젝트와 민주의 프로젝트를 비로소 완성한다. 그러나 이러한 완성은 결코 정태적인 의미가 아니다. 민주공화국은 우리 대한국민이 스스로의 자유를 미래를 향하여 투사한 프로젝트인 까닭에 끊임없이 처음부터 다시 시작되는 역동적인 모습으로만 존재할 수 있다. 탈출의 자유에서 광야의 자유로, 똘레랑스의 자유에서 중첩적 합의의 자유로, 그리고 또 자유의 프로젝트에서 평등의 프로젝트로, 민주의 프로젝트에서 공화의 프로젝트로… 대한민국이라는 민주공화국은 우리 대한국민의 자유로 돌아가 처음부터 다시 시작하는 프로젝트로서, 오직 그렇게만, 우리 대한국민 속에 살아 있다.

일곱.

대한민국 프로젝트 1—1948년 헌법

/

헌법 1조의 첫 문장이 마무리된 뒤, 우리 대한국민은 잠시 숨을 고른다. 그러나 이 짧은 침묵은 발화의 휴지(休止)일 뿐, 광장에 남겨진 시민들의 공유된 말인 헌법 자체가 침묵하는 것은 아니다. 오히려 헌법은 이 짧은 침묵을 통하여 헌법 1조를 읽는 사람들에게 중요한 대답 하나를 요구한다.

1948년 7월 12일 우리 대한국민은 '대한민국은 민주공화국이다'라고 선포했다. 그러면 그로부터 70년이 지난

2017년 어느 여름날 이 문장을 읽는 사람들에게 그것은 어떤 의미여야 하는가? 심지어 우리 대한국민이 아닌 사람들에게까지 이 문장은 우리 대한국민의 자유에서 비롯된 감동을 자아낸다. 그렇다면 스스로를 우리 대한국민의 하나라고 믿는 시민들에게 이 질문은 한껏 무거운 요구일 수밖에 없지 않을까? 질문의 초점은 명확하다. 대한민국은 잘 있는지? 우리 대한국민의 민주공화국 프로젝트인 대한민국 프로젝트는 어떻게 진행되고 있는지?

저자인 우리 대한국민이 헌법 1조의 첫 문장을 말했으니, 이제 해석자인 우리 대한국민이 말할 차례이다. 이 첫 문장을 읽는 시민들이 단지 해석자로서가 아니라 대한민국이라는 민주공화국 프로젝트를 이끌어가는 헌법의 주어로서 자신을 드러내야 한다. 헌법은 이처럼 여럿의 저자들이 서로의 권위를 인정한 가운데 시공간을 뛰어넘어 말하고 듣는 자유 시민들의 대화이다. 이것이 헌법현상이다.

미완의 프로젝트

헌법정치는 이중의 프로젝트다. 자유 시민들과 그들이 구성하는 국가를 헌법에 의하여 연결하려는 시도이기 때문이다. 1단계의 프로젝트는 자유 시민들과 헌법을 연결하는 것이고, 2단계의 프로젝트는 헌법과 국가를 연결하는 것이다.

이 두 개의 프로젝트는 모두 중요하지만, 둘 중에 더욱 근본적인 것은 1단계이다. 1단계가 완결되면, 2단계는 미완성이라도 버틸 수 있지만, 1단계 자체가 미완성이면 혹시 2단계가 완결되더라도 헌법정치 프로젝트는 미완성일 수밖에 없다. 따라서 훌륭한 헌법 문서를 수입한 뒤 그 기준에 완벽하게 부합하도록 아무리 국가를 오래 운영해도 헌법정치는 완결되지 못한다. 그 경우에는 1단계 프로젝트, 즉 자유 시민들과 헌법을 연결하는 프로젝트가 시작되지 않았기 때문이다.

헌법정치의 관점에서 대한민국 헌법이 공포된 1948년 7월 17일은 20세기 한반도 정치사의 결정적인 분수령이다. 그로 인해 제헌헌법의 전문에서 '우리들 대한국민'으로 스스로를 부른 자유 시민들의 정치적 여정이 시작되었기 때문이다. 제헌헌법에는 한반도 역사상 최초로 헌법정치의 전면에 등장한 자유 시민들의 감격이 담겨 있다. 헌법정치의 관점에서 이 대한국민의 감격을 중심에 놓지 않은 채 1948년 7월 17일 이후의 한반도 정치사를 읽을 수 있는 다른 방법은 없다.

제헌헌법에서 자유 시민들은 헌정권력을 발휘하여 정치적 의사를 헌법에 연결시킨 뒤(1단계), 다시 그 헌법을 기초로 대한민국을 조직하여 운영하기 시작했다(2단계). 이 가운데 후자의 프로젝트는 분단과 전쟁, 독재와 민주화를 거치는 동안 차근차근 진척되어왔다. 그로 인해, 비록 헌법규범과 헌법현실 사이의 간극은 여전히 남아 있지만, 우리는 헌법의 생활규범화를 말할 수 있게 되었다. 하지만 애석하게도 우리 대한국민과 헌법을 연결시키는 전자의 프로젝트는 여전히 미완성인 채로 남아 있다. 1948년 헌법은 미완의 프로젝트인 셈이다.

준수와 정상화

1948년 헌법이 미완의 프로젝트라는 이 말은 한국 사회의 정치적 현실에서 수많은 오해의 가능성을 내포하고 있다. 1948년 8월 15일의 의미를 두고 광복과 건국이 다투는 상황은 단적인 예에 불과하다. 따라서 여기서는 일단 이 말에 대한 오독(誤讀)의 가능성을 미리 차단해둘 필요가 있을 듯하다. 두 가지만 생각해보자.

첫째, 이 말은 1948년 헌법이 아예 태어나지 말았어야 할 '잘못된 프로젝트'라는 주장이 아니다. 누구든 미흡한 과거 청산과 남북 분단, 그리고 동족상잔의 전쟁이 발생한 원인을 찾으면 찾을수록 1948년 헌법을 아예 '잘못된 프로젝트'로 규정해버리고 싶어질 가능성이 있다. 그렇지만 전쟁과 빈곤, 독재를 극복해온 70년의 대한민국 헌정사를 무(無)로 돌릴 수는 없지 않은가? 이와 같은 부정(否定)은 자칫하면 '우리들 대한국민'이라는 자유 시민들의 감격을 부정하는 사태로 번질 수도 있다. 그러나 그렇게 되면, 1948년 헌법이라는 미완의 프로젝트를 완결시킬 가능성 자체가 사라져버리지 않을까? 1948년 헌법은 비록 미완성일지언정 기본적으로 '훌륭한 프로젝트'이다.

둘째, 이 말은 1948년 헌법이 오로지 실현 또는 수행만을 남겨두고 있는 '완결된 프로젝트'라는 주장이 아니다. 헌법 교과서가 지향하는 헌법교의학(constitutional dogmatics)은 헌법을 완결된 프로젝트로 간주하는 데서 출발한다. 그 입장에서 헌법은 헌법현실을 규제하기 위한 헌법규범일 뿐이며, 헌법현상은 헌법규범과 헌법현실의 간극(gap)을 메우는 '준수'에 불과하다. 따라서 헌정사는 헌법규범과 헌법현실의 간극을 메우는 준수의 과정이어야만 한다. 그러나 대한민국 헌정사를 이해함에 있어서 이와 같은 '준수 패러다임'은 제한적인 효용밖에 가지지 못한다. 기본적으로 훌륭한 프로젝트이지만, 1948년 헌법은 여전히 미완의 프로젝트이기 때문이다.

다시 말하건대, 헌법은 광장에 남겨진 시민들의 공유된 말이며, 이를 통해 시공간을 뛰어넘는 자유 시민들의 대화가 가능하다. 따라서 미완인 채 남아 있는 훌륭한 프로젝트인 1948년 헌법은 바로 지금 그 헌법을 해석하고 또 실천하는 또 다른 자유 시민들, 즉 헌법의 주어인 우리 대한국민에 의하여 완성될 수 있다. 구체적으로 말하자면, 헌법규범의 단순한 실현 또는 수행이 아니라 헌법의 주어인 자유 시민들과 헌법을 연결시키는 헌법정치의 1단계 프로젝트가 완결되어야 한다. '준수 패러다임'에 비교하면, 이는 '정상화 패러다임'이다.

'우리들 대한국민'은 누구인가?

한반도의 정치사에서 민주공화국 프로젝트는 구한말 독립협회가 시도했던 만민공동회에서 비롯되어 특히 1919년

3월 1일 일제에 대하여 독립을 선언한 이후부터 본격적으로 추진되기 시작했다. 이 과정에서 1948년 헌법이 갖는 의미는 지대하다. 그것은 실효적으로 집행된 최초의 민주공화국 헌법이기 때문이다. 제헌헌법이 시행되기 전까지 민주공화국 프로젝트는 모색과 주장, 논쟁과 수립 단계에서 벗어나지 못했다. 그러나 제헌헌법 이후에는 본격적인 실천의 단계에 돌입했다. 민주공화국 프로젝트가 정치적 이상을 넘어 법적 이념이 되었던 까닭이다.

물론 제헌헌법은 동서냉전과 남북분단이 교차하던 해방공간의 역사적 조건을 배경으로 하고 있으며, 이는 헌법 텍스트 바깥에서 제헌헌법의 정당성을 위협하는 요인으로 작용해왔다. 그동안 대다수의 헌정사 연구자들이 골몰해온 것도 바로 제헌헌법의 한계에 관한 문제의식이었다. 하지만 그와 같은 안팎의 한계에도 불구하고 1948년 헌법은 분명히 그 이후 민주공화국 프로젝트를 이끄는 토대가 되었다. 무엇이 이를 가능케 했는가?

1948년 헌법의 텍스트에서 우리가 가장 먼저 찾아야 할 것은 이 헌법을 선언하는 주체, 즉 헌법의 주어이다. 현행 헌법과 마찬가지로 제헌헌법의 주어는 헌법 전문의 초두에 모습을 드러내고 있다. "유구한 역사와 전통에 빛나는 우리들 대한국민"이 바로 그것이다. 이 '우리(들) 대한국민'이야말로 한반도의 정치사에서 민주공화국 프로젝트를 추진해 온 주체이자 대한민국 헌정사의 연속성을 보장하는 주체이다. 1948년 헌법 이후 9차에 걸쳐 개정된 대한민국 헌법의 모든 텍스트는 대한민국이라는 민주공화국 프로젝트가 '우리(들) 대한국민'의 작품이라고 선언한다.

그렇다면 제헌헌법이 말하는 '우리들 대한국민'은 과연 누구인가? 흥미롭게도 제헌헌법의 텍스트는 '우리들 대한국민'이 누구인지에 관하여 적극적인 규정을 한사코 마다한다. 심지어 '우리들 대한국민'이 누구인지에 관한 별다른 단서나 암시를 주지 않은 채, 대한민국의 국민이 되는 자격을 대한민국 국회가 법률로 정하도록 할 만큼(3조), 헌법의 주어는 헌법 텍스트의 전면에 스스로를 드러내기를 삼간다. 왜일까? 이 질문은 1948년 헌법에 대하여 제기되는 가장 근원적인 질문이다. 1948년 헌법이 미완의 프로젝트인 까닭이 여기에 숨어 있다.

깊은 안타까움

1948년 헌법의 이러한 태도에서는 다른 나라 시민들은 제대로 식별하기 어려운 깊은 안타까움이 묻어난다. 어떤 의미에서 70년이 지난 지금도 사정은 마찬가지다. 이 깊은 안타까움을 식별할 수 있는 사람만이 실질적으로 우리 대한국민의 자격이 있다고 말해도 될 정도이다. 제헌헌법의 이처럼 미묘하고도 조심스러운 태도는 오늘날에도 우리 대한국민의 정치적 아이덴티티에 그늘처럼 음각(陰刻)되어 있다. 도대체 무엇이 문제인가?

첫째, '우리들 대한국민'이 자주적으로 정해지지 않았다는 점이다. 최초의 '우리들 대한국민'은 안에서 밖으로, 즉 대한국민이 대한국민을 확인하는 방식이 아니라 오히려 정반대의 방향으로 정해졌다. 제헌헌법은 제헌의회에서 제정되었고, 제헌의회는 1948년 5월 10일 국제연합(United Nations)의 감시하에 치러진 총선거를 통해 구성되었다. 이 총선거는 주한 미군정이 그해 3월 17일 군정법령 제17호로 공포한 국회의원선거법에 기초하여 치러졌고, 이 선거법은 앞서 2월 26일에 있었던 유엔 소총회의 결의, 즉 '유엔 감시가 가능한 지역에서의 총선거 실시'를 이행하려는 것이었다. 유엔과의 협의 과정에서 독소조항들이 제거되어 주한 미군정의 선거법은 상당히 민주적인 모습으로 제정되었으나, 예컨대 우리들 대한국민을 표상하는 대한민국임시정부의 법령이 아니라 식민지 지배권을 이어받은 주한 미군정의 선거법으로 최초의 유권자가 확정되었음은 사실이다.

둘째, 그처럼 타율로 정해진 '우리들 대한국민'이 바로 다음 순간 대한민국의 헌법정치에 불완전한 첫 모습을 드러냈다는 점이다. 1948년 5월 10일의 선거는 말 그대로 유엔 감시가 가능한 지역에서만 치러졌으며, 유엔 감시가 불가능했던 38도선 이북 지역에서는 시행될 수 없었다. 그 결과 나중에 선거가 치러진 북제주군의 2개 지역구를 포함하여 도합 200석의 제헌의회 의원이 선출되었고, 나머지 100석은 선출되지 못했다. 게다가 그 100석으로 대표되어야 할 '우리들 대한국민'을 기다리기 위하여 김구, 김규식을 비롯한 정치지도자들은 스스로 5·10 선거에 참여하기를 거부했다. 이처럼 적어도 3분지 1의 민의가 대표되지 못한 채로 5·10 선거가 치러졌고, 그 결과 구성된 제헌의회는 헌법제정 작업에 돌입하여 1948년 7월 12일 제헌헌법을 제정했던 것이다.

스스로에 대한 적극적인 규정을 구태여 마다하는 제헌헌법의 '우리들 대한국민'은 이 두 가지 문제를 몸으로 알고 있다. 자신이 완전하지 못하다는 사실. 여전히 다른 우리 대한국민을 기다려야 한다는 사실. 그 타자가 출현할 때, 두려움과 고통을 감수하고라도 그를 환대하고 그에게 자리를 내어주어야 한다는 사실. 지금 스스로를 우리 대한국민으로 동일시하는 주체는 단지 광야에서 똘레랑스를 갈망해야 하는 운명에서 조금 일찍 벗어났을 뿐이라는 사실. 1948년 헌법의 희망은 헌법의 주어인 '우리들 대한국민'이 이와 같은 사실들을 잘 알고 있으며, 스스로를 한사코 감추는 방식으로 깊은 안타까움을 전달하고 있다는 점이다. 이 깊은 안타까움을 먼저 알아채고, 그 상처를 함께 보듬고, 같이 울고 그 눈물을 닦아줄 우리 대한국민에 의해서, 오로지 그들에 의해서만, 1948년 헌법에 음각된 우리들 대한국민의 상처는 치유될 수 있으리라.

공화의 방책들

이와 같은 상처를 안고서, '우리들 대한국민'은 1948년 헌법을 통하여 대한민국이라는 민주공화국 프로젝트를 시작한다. 깊은 안타까움에도 불구하고, 제헌헌법의 텍스트 곳곳에서 우리들 대한국민의 자유는 뚜렷하게 모습을 드러낸다. 탈출의 자유, 광야의 자유, 똘레랑스의 자유, 중첩적 합의의 자유로 이어지는 자유의 순차적 누적도 비교적 선명하다. 물론 똘레랑스의 고리가 약하긴 하지만, 한국전쟁 이후에 비해서는 그 정도가 한결 덜하다. 왕국이나 제국을 극복하고 우리 대한국민이 헌법을 합의함으로써 민국(民國)을 재건한다는 감격은 텍스트의 이곳저곳에서 그야말로 철철 넘쳐난다.

타자를 대할 때, 자유는 흔히 두 가지 대안 중 하나를 취한다. 타자를 전적으로 낯선 자로 전제한 뒤 호혜성의 조건 속에서만 자유를 인정하거나, 두려움을 무릅쓴 채 먼저 타자를 자유의 존재로 인정하는 것이다. 제헌헌법의 텍스트는 명백하게 후자를 취한다. 자신의 자유를 근거로 타자의 자유를 부정하는 것이 아니라 오히려 자신의 자유를 근거로 타자에게 자유를 선사한다. 이로써 1948년 헌법은 자유인의 동등함에서 출발하는 평등의 프로젝트이자 민주의 프로젝트가 된다.

나아가 제헌헌법은 자유를 민주로 연결시키는 차원에서

머무르지 않는다. 오히려 그것은 현실적으로 자유와 민주가 모순적 길항관계에 놓인다는 점을 가감 없이 통찰하고, 이 중에 어느 하나만을 택하라는 유혹을 단호히 거부한다. 제헌헌법이 한반도의 정치사에 처음으로 도입하는 헌법정치의 제도들은 자유와 민주의 모순적 길항관계 속에서 그때그때 최적의 해결책을 찾아냄으로써 중앙집권적 국민국가를 단위로 공화의 프로젝트를 추진하기 위한 방책들이다. 제헌헌법의 텍스트에 나타나는바, 여러 대의기구로 구성되는 민주적 폴리아키나, 권력의 견제와 균형의 원리, 치자와 피치자의 동일성을 전제하는 법치주의의 원리 등이 그러하다.

이처럼 1948년 헌법은 자유-민주-공화로 이어지는 민주공화국 프로젝트의 에토스를 고스란히 가지고 있지만, 그와 함께 민주공화국 프로젝트를 실제로 추진할 수 있는 헌법적 시민들의 양성에 지대한 관심을 기울인다. 헌법정치가 처한 구체적 조건과 상황 속에서 적시적소에 개입하면서 헌정제도를 끊임없이 재구성하는 동시에 심지어 자신들의 희생마저 감수하는 헌법적 시민들이 없다면, 사실 제헌헌법이 잘 드러내지 않는 헌법적 주체의 상처, 그 깊은 안타까움은 치유될 수 없다. 흥미롭게도 1948년 헌법은 이 점에 관한 대책을 두 가지로 마련하고 있다.

사회경제적 평등의 추구

제헌헌법의 전문과 총강은 대한민국의 정통성과 본질을 천명하고 대한민국이 지향하는 규범적 가치를 분명히 선언한다. 이에 따르면, 1948년 7월 12일의 헌법제정은 1919년 3·1운동 이후 이미 건립되었던 대한민국의 재건이고, 그처럼 재건되는 민주독립국가의 본질은 '민주공화국'이다 (1조). 이 민주공화국은 안으로 민주주의를, 밖으로 국제평화주의를 지향하고, 정의, 인도와 동포애에 기반한 민족주의를 포괄하며, 여러 가치를 공공선과의 관련 속에서 균형있게 추구한다. "대한민국은 정치, 경제, 사회, 문화의 모든 영역에 있어서 각인의 자유, 평등과 창의를 존중하고 보장하며 공공복리의 향상을 위하여 이를 보호하고 조정하는 의무를 진다"(5조).

국민의 권리와 의무에 관하여 제헌헌법의 텍스트는 명백한 초점을 가지고 있다. 신체의 자유, 종교의 자유, 양심의 자유, 언론·출판·집회·결사의 자유와 정치적 참여권을 빠

짐없이 제시하면서도 사회경제적 평등을 끊임없이 강조하기 때문이다. 이는 신분제도 같은 봉건적 불평등구조가 재현되는 것을 엄금하고(8조), 재산권의 행사를 공공복리에 적합하도록 요구하는(15조) 의지로 나타나지만, 더욱 분명하게는 사회보장수급권의 보장에서 확인된다. "적어도 초등교육은 의무적이며 무상으로 한다"(16조 2항), "여자와 소년의 근로는 특별한 보호를 받는다"(17조 3항), "영리를 목적으로 하는 사기업에 있어서는 근로자는 법률의 정하는 바에 의하여 이익의 분배에 균점할 권리가 있다"(18조 2항), "노령, 질병 기타 근로능력의 상실로 인하여 생활유지의 능력이 없는 자는 법률의 정하는 바에 의하여 국가의 보호를 받는다"(19조)는 규정들을 보라.

제헌헌법은 예산 타령을 늘어놓는 오늘날의 논쟁을 비웃는 듯, 사회보장수급권의 보편성을 강하게 선포한다. 어떻게 그럴 수 있었을까? 이 질문에 답하려면 헌법적 시민의 양성이라는 제헌헌법의 지대한 관심을 이해해야 한다. 제헌헌법 제6장은 '광물 기타 중요 지하자원 등의 국유 원칙'(85조), '주요 산업의 국영 또는 공영 원칙 및 대외 무역의 국가 통제 원칙'(87조), '사영기업 등의 국유화 또는 공유화 허용'(88조), '공공적 목적을 위한 특허의 취소, 권리의 수용 등 허용'(89조) 등을 선포한다. 이러한 조항들은 조선 총독부와 주한 미군정을 거쳐 내려온 구체제의 물적 유산이 일단 국가가 관리하는 공공적 소유가 되었음을 보여준다. 이 전유의 목적은 국가 자체의 소유를 늘리려는 것이 아니라 헌법적 시민들을 양성하려는 것이다.

이 재원의 용처에 관하여 제헌헌법의 텍스트에서 찾을 수 있는 방향성은 크게 두 가지다. 하나는 시장의 실패를 교정하기 위한 경제적 개입의 재원으로 활용하는 것으로서, '경자유전의 원칙에 따른 토지개혁의 선언'(86조)이 대표적인 예이다. 다른 하나는 모든 국민의 기본 수요를 충족시키기 위한 사회경제적 평등의 재원으로 활용하는 것으로서, 이는 제헌헌법 2장의 사회적 기본권 조항들에서 잘 드러난다. 이 둘은 결국 우리 대한국민이 오랜 고난 속에서 확보한 물적 토대를 대한민국이라는 민주공화국 프로젝트를 수행할 수 있는 헌법적 시민들을 양성하는 데 투자하겠다는 결단으로 읽힌다. 제헌헌법 84조에는 헌법제정기의 어려운 상황에서도 이와 같은 결단을 내린 우리들 대한국민의 숙연한 분위기가 한껏 묻어난다. "대한민국의 경제 질서는 모든 국민에게 생활의 기본적 수요를 충족할 수 있게 하는 사회정의의 실현과 균형 있는 국민경제의 발전을 기함을 기본으로 삼는다. 각인의 경제상 자유는 이 한계 내에서 보장된다."

민주적 의회의 우위

사회경제적 평등의 추구가 제헌헌법의 가치적 지향성을 뚜렷이 보여준다면, 이를 추진하기 위한 통치 권력의 구성에서는 '민주적 의회의 우위'를 일관되게 확인할 수 있다. 제헌헌법의 제정 행위 자체가 1948년 5월 10일 총선거에 의해 민주적으로 구성된 제헌의회에 의하여 이루어졌음에서부터 이 점은 명백하다. 제헌헌법은 민주적 의회의 우위를 확고하게 내세운다.

첫째, 제헌의회는 스스로에게 헌법을 제정하는 '헌법제정의회'(부칙)의 역할과 함께 '이 헌법에 의한 국회'의 역할을 부여함으로써 1948년 7월 17일 현재 "우리들 대한국민"의 헌정권력을 대의할 수 있는 유일무이한 기구임을 확인한다. 이로써 제헌의회는 헌법제정 이후 초대 국회로 변신한다. 대한민국 헌정사에서는 이 둘을 합쳐 제헌국회로 통칭한다. "이 헌법을 제정한 국회는 이 헌법에 의한 국회로서의 권한을 행하며 그 의원의 임기는 국회개회일로부터 2년으로 한다"(102조).

둘째, 제헌의회는 그 자신, 즉 제헌국회에게 '이 헌법에 의한 국회'의 권한을 넘어서는 특별한 입법권한을 부여한다. 헌법개정 권한이나 반민족행위자 처벌, 토지개혁 완수, 귀속재산 불하 등에 관련된 '헌법적 법률'의 제정 권한을 제헌국회가 행사하도록 한 것이다. "헌법 개정의 의결은 국회에서 재적의원 3분지 2 이상의 찬성으로써 한다"(98조 4항). "이 헌법을 제정한 국회는 단기 4278년 8월 15일 이전의 악질적인 반민족행위를 처벌하는 특별법을 제정할 수 있다"(101조).

셋째, 제헌헌법은 통상적인 권력구조에서 민주적 의회의 우위를 체계적으로 관철한다. 모든 입법권은 국회에 있고 (31조), 예외적으로 인정되는 대통령의 긴급입법권도 국회의 사후승인이 필요하며(57조), 예산을 비롯한 각종 재정 문제에 관해서도 국회가 광범위한 권한을 가진다(41-42조). 행정권의 수장인 대통령과 부통령은 국회에서 선출하고 (53조), 행정권의 행사는 국회의 승인을 받아 대통령이 임명하는 국무총리 및 대통령이 임명하는 국무위원들이 대통령과 함께 국무원을 구성하여 이루어진다(68조). 사법권에 관해서도 "대법원장인 법관은 대통령이 임명하고 국회의 승인을 얻어야" 하며(78조), 법원조직 및 법관 임명에 관해서는 국회가 법률로 정한다(76조 및 79조). 제헌헌법이 규정했던 탄핵재판소와 헌법위원회는 국회가 선출하는 부통령이 재판장 또는 위원장의 직무를 행하는 가운데, 각 국회의원 5인과 대법관 5인으로 구성된다(47조 및 81조).

미뤄진 사후 추인

1948년 헌법은 '우리들 대한국민'의 자주적이고도 완전한 확인이 이루어지지 않은 한계에도 불구하고, 한반도의 정치사에서 최초로 자유-민주-공화의 프로젝트인 민주공화국 프로젝트를 시작한 의미가 대단히 크다. 특히 사회경제적 평등의 추구와 민주적 의회의 우위를 통하여 우리 대한국민의 상처를 스스로 치유할 수 있는 헌법적 시민들의 양성에 지대한 관심을 기울였음은 매우 주목할 만하다. 그렇다면 제헌헌법의 이와 같은 기획은 과연 성공적으로 진행되었는가?

1948년 7월 12일의 헌법제정 이후 제헌국회는 대한민국의 조직에 전력을 기울였다. 정부조직법을 제정하고 이승만을 초대 대통령으로 선출하여 대한민국 정부를 수립했고, 법원을 비롯한 각종 헌법기구들을 구성했으며, 제헌헌법이 예정한 여러 헌법적 법률들을 제정하여 반민족행위자처벌, 토지개혁 완수, 귀속재산 불하 등을 수행했다. 제헌의회가 그 자신, 즉 제헌국회에 부여한 2년의 짧은 임기는 이러한 작업을 위하여 부여된 기간이었다. 그러나 이 문제들에 관하여 제헌국회의원들에게 자유 위임이 주어진 것은 아니다. 이들은 어디까지나 우리들 대한국민의 헌정권력을 대행했을 뿐이기 때문이다. 2년의 헌법제정기가 끝난 뒤에 제헌의원들은 그 결과를 우리들 대한국민 앞에서 심판받아야 했다. 제헌의회의 헌법제정은 이와 같은 사후 추인을 전제한 작업이었던 것이다.

이론적으로 사후 추인은 몇 가지 방법으로 진행될 수 있었다. 제헌의회가 헌법제정안을 만든 뒤 국민투표로 확정할 수도 있었고, 그렇지 않다면, 헌법제정을 완결한 뒤 제헌의회를 해산하고 제헌헌법에 의하여 초대 국회를 구성할 수도 있었다. 그러나 제헌의회는 스스로에게 제헌국회의 역할을 부여하는 결정을 내렸다(102조). 이로 인하여 헌법 제정을 비롯한 제헌의회/제헌국회의 정치적 성과에 대한 우리들 대한국민의 사후 추인은 2년 후로 미루어질 수밖에 없었다.

따라서 1950년 5월 30일에 치러진 2대 국회의원 총선거는 2년에 걸친 헌법제정기에 대한 총결산인 동시에 그 과정을 주도한 제헌의회/제헌국회에 대한 신임투표가 되었다. 매우 평화롭게 치러진 5월 30일의 총선거 결과는 제헌의회/제헌국회의 두 축이었던 이승만계 및 한국민주당계의 사실상 패배와 무소속의 대대적인 약진으로 요약된다. 제헌의원들 가운데는 오로지 31명만이 재선되었고, 특히 새로 당선된 무소속 의원들 가운데는 조소앙, 안재홍, 원세훈, 장건상 등 2년 전의 5·10 총선거에 불참했던 중도파 인사들이 포함되어 있었다.

5·30 총선, 그 이후

헌법제정기의 사후 추인이라는 관점에서 이러한 선거 결과는 무엇을 의미하는가? 제헌의회/제헌국회의 헌법제정 결과를 우리들 대한국민이 평화로운 총선거를 통하여 추인했음은 명확하다. 하지만 그 과정을 주도한 제헌의원들에 대해서는 거의 완전한 물갈이를 요구했고, 헌법제정기를 이끈 양대 정치세력인 이승만계와 한국민주당계에 대해서는 엄중한 경고를 보냈다. 아울러 2년 전의 5·10 총선거에 불참했던 정치세력에게 대한민국이라는 민주공화국 프로젝트에 참여할 수 있는 기회를 제공했다.

만약 제헌헌법이 초안대로 의원내각제 정부형태였다면, 5·30 총선거는 당연히 정권교체를 불러왔을 것이다. 5·30 총선거에 나타난 우리들 대한국민의 정치적 의사는 지금 보아도 명백하다. 제헌헌법은 추인하되 그 아래서 권력을 운용해온 인물과 세력은 바꾸겠다는 것이었다. 그러나 유감스럽게도 5·30 총선거로 표출된 우리들 대한국민의 이와 같은 정치적 의사는 대한민국의 헌정사에서 제대로 관철될 수 없었다. 그 이유는 크게 세 가지이다.

첫째, 1950년 6월 19일 개회한 2대 국회가 원 구성을 끝내기도 전에 6·25 전쟁이 발발했다. 이로써 100석의 대표를 추가하여 헌법제정기에 대한 우리 대한국민의 추인을 완료할 수 있는 기회는 사라졌고, 이미 1948년 12월 1일 국가보안법의 제정과 함께 추진되었던 전시긴급정부체제가 상시화되었다. 5·30 총선거에서 헌법제정 과정의 추인과 함께 정치혁신을 요구했던 우리들 대한국민은 이제 반공(反共)의 이름으로 대한민국의 수호에 나설 수밖에 없었다.

둘째, 이 과정에서 5·30 총선거에 나타난 우리들 대한국민의 정치적 의사가 근본적으로 왜곡되었다. 중도파 국회의원들을 포함하여 많은 정치지도자들이 피살되거나 납북되었고, 이로 인해 5·30 총선거가 낳은 무소속 우위의 정치구도는 전시긴급정부체제하에서 심각하게 손상되었고, 이승만계와 한국민주당계의 주도권은 도리어 강화되었다. 이두 세력 및 그 계승자들(정치군부, 보수 야당)은 대한민국의 헌정사의 상수가 되었다.

셋째, 제헌국회에서 선출된 이승만 대통령의 정부는 5·30 총선거의 결과에도 불구하고 건재했다. 대통령 임기는 4년이었기 때문이다. 게다가 전시긴급정부체제하에서 대통령의 권력은 무소불위의 수준으로 강화되었다. 국회소집이 쉽지 않은 조건 속에서 이승만 대통령의 비상입법권한(제헌헌법 57조)의 행사는 일종의 전시독재체제를 만들어 냈다. 그 연장선에서 이승만 대통령은 북진통일론을 제창함으로써 평화적 방식으로 1948년 헌법을 보완할 수 있는 여지를 현저히 축소시켰다.

배반당한 민의

이러한 관점에서 이승만 대통령의 첫 번째 임기만료를
앞둔 1952년 봄부터 7월 4일까지 피난수도 부산에서 벌어
진 일련의 정치투쟁은 이후의 대한민국 헌정사가 어떻게
전개될 것인지에 관한 일종의 예고편이었다. 권토중래를
노리는 한국민주당계는 제헌의회의 헌법초안이었던 의원
내각제로 돌아가고자 했고, 위기에 몰린 이승만계는 대통
령직선제로 국면을 타개하고자 했다. 의원내각제 개헌안과
대통령직선제 개헌안으로 맞서던 2대 국회 내부의 반(反)이
승만, 친(親)이승만 파벌들은 우여곡절을 거쳐 결국 위헌적
인 발췌 개헌안을 통과시켰다(7월 4일).

이에 더하여 한국전쟁의 휴전이 이루어진 이후 또다시 시
도된 헌법 개정은 분단체제하에서 헌법정치의 방향을 결정
했다. 사사오입 개헌으로 유명한 이 헌법 개정은 초대 대통
령에 대한 중임 제한을 철폐하여 이승만 대통령의 장기집권
을 가능케 했고, 국가주도의 경제성장이 불가피했던 전후의
상황에도 불구하고 자유시장경제 원칙을 헌법 문서에 못 박

음으로써 반공주의적 정체성을 분명하게 제시했다.

　각기 '발췌 개헌'과 '사사오입 개헌'으로 통칭되는 데서 알 수 있듯, 이 두 차례의 헌법 개정은 절차적 위헌의 흠결을 가지고 있다. 그럼에도 이로 인하여 1950년 5월 30일 총선거로 나타난 우리들 대한국민의 정치적 의사는 결정적으로 배반당했다. 제헌헌법은 추인하되 권력을 운용해온 인물과 세력은 바꾸겠다는 표심과 달리, 인물과 세력은 그대로인 채로 이들에 의하여 헌법의 내용이 바뀌었다. 헌법이념이 헌법현실을 바꾸지 못하고, 도리어 헌법현실이 헌법이념을 바꾸었다.

　1952-1954년에 이루어진 두 차례의 헌법 개정은 제헌헌법의 목표, 즉 민주적 의회의 우위를 통하여 사회경제적 평등을 추구함으로써 헌법적 시민들을 양성하려던 기획을 좌절시켰다. 대통령직선제와 양원제를 결합한 발췌 개헌은 '민주적 의회의 우위'라는 제헌헌법의 권력구조를 수정했고, 초대 대통령에 대한 중임 제한의 철폐와 함께 자유시장경제 원칙을 천명한 사사오입 개헌은 '사회경제적 평등의 추구'라는 제헌헌법의 가치적 지향을 포기했다. 그 대신 1950년 6월 25일 이후 수립된 전시긴급정부체제가 제도화

되었으며, 대한민국이라는 민주공화국 프로젝트는 한국전쟁이 가져온 사상 초유의 엄혹한 정치적 조건 속에서 진행될 수밖에 없었다.

대한민국 프로젝트 2—1987년 헌법

한국전쟁 이후 약 35년 동안 대한민국의 헌법정치는 분단체제를 불변의 전제로 삼았으며, 우리 대한국민의 민주공화국 프로젝트 역시 그러한 한계 속에 있었다. 한국전쟁을 겪는 과정에서 제헌헌법의 제정을 주도했던 이승만계와 한국민주당계는 굳건히 자리를 지켰을 뿐만 아니라 각기 국가 블록과 자본 블록으로 진화했다.

전자는 대통령제를 고리로 남북대결구도 아래서 대중의 지지를 동원하여 독재로 나아갔고, 그 뒤를 이은 군사정권은 개발독재세력으로 변신한 뒤에도 끊임없이 헌법을 조작하면서 우리 대한국민에게 추인을 요구했다(이승만-5·16-10월 유신-신군부). 이에 비하여 후자는 의원내각제를 고리로 기득권 세력을 보호하는 권력과점체제를 고집했으며, 이를 정치적으로 대변한 보수 야당은 1948년 헌법을 되살리려는 우리 대한국민의 민주화 노력에 주기적으로 편승했다.

흥미롭게도 국가 블록과 자본 블록은 대한민국 헌정사에서 일종의 적대적 공생 관계를 구축했다. 1960년과 1963년, 그리고 1987년에 발생한 정치변동은 1952-1954년에 수립된 적대적 공생관계가 계속 재생되었음을 보여준다. 국가 블록은 1961년과 1972년, 그리고 1980년에 연속적인 군사 쿠데타를 통하여 전시긴급정부체제를 적나라한 군사정권 체제로 악화시켰다. 이때 자본 블록은 반작용으로 반(反)독재와 민주화를 부르짖었으며, 이는 결과적으로 양자의 타협을 통하여 1952-1954년에 결성된 적대적 공생관계를 다시 재현시켰다. 양자는 적대적 공생관계에 대한 위협을 방어하기 위하여 국가보안법으로 대표되는 특별형법을 적극적으로 활용했고, 한미동맹을 체제의 기축으로 삼는 외교 노선도 공유했다.

이처럼 한국전쟁 이후 대한민국의 헌법정치는 전시긴급
정부체제를 유지하려는 국가 블록과 경제 상황에 맞게 이
를 재구성하려는 자본 블록의 적대적 공생구도였다. 양자
의 대타협은 1987년에 이루어졌다. 그러나 1948년 헌법에
내재한 한계가 그대로인 까닭에 헌법정치라는 이중의 프로
젝트는 미완에 그칠 수밖에 없었으며, 이를 극복하기 위한
제헌헌법의 목표도 전면적으로 복원되지 못했다. 헌법정치
그 자체가 분단체제 속에 고착되었던 까닭에, 자유 시민들
과 헌법을 연결시키는 헌법정치의 1단계 프로젝트가 완성
될 수 없었던 것이다.

4년에 한 번꼴

이러한 독특한 경쟁 구도에서 헌법 문서는 국가 블록과
자본 블록의 반목과 타협, 그리고 은밀한 연대를 담아내는
핵심적인 도구가 되었다. 1952-1954년의 헌법 개정 이후
1987년까지 헌법 문서는 모두 일곱 차례 더 개정되었으며,
그 가운데 세 번은 군사쿠데타에 의하여 헌정이 중단된 이
후 군사정권에 의하여 전면 개정이 이루어졌다. 1948년에
서 1987년까지 헌법 문서는 평균 4년에 한 번, 도합 열 번

새로 쓰였다.

 헌법 문서의 내용은 기본권 조항들을 중심으로 다시 쓰기가 거듭될수록 풍성해졌고, 북진통일노선이 평화통일노선으로 수정되거나 인간으로서의 존엄과 가치가 선언되는 등의 성과도 있었지만, 어디까지나 법전 속의 미사여구였다. 특히 1962년, 1972년, 1980년에 있은 세 번의 전면 개정은 군사정권의 정당성을 형식적으로 뒷받침하기 위한 장식적 수단이었을 뿐이다.

 이 시기에 거듭 다시 쓰인 헌법 문서에는 기본적 인권의 보장이나 권력분립의 원칙처럼 감동적이고 매끄러운 부분들이 없지 않다. 그러나 현실적으로 이러한 부분들은 국가 블록과 자본 블록의 핵심적인 관심 대상이 아니었다. 초점은 오히려 국가의 정치적 정체성(political identity), 그리고 무엇보다 이익분배의 기준 또는 방식이었다.

 국가의 정치적 정체성이 국가보안법과 같은 특별형법에 맡겨졌다면, 이익분배의 기준과 방식에 관해서는 헌법 문서 안에서 흥미로운 변화를 관찰할 수 있다. 우선 제헌헌법에서 사회경제적 평등의 추구를 상징하던 많은 조항들이 빈번한 헌법 개정 과정에서 자취를 감추었고, 그나마 남은 조항들 또한 국가주도의 경제개발정책을 뒷받침하는 헌법 조항들로 해석의 초점이 바뀌었다. 이익분배의 방식에 관해서는 제헌헌법이 전제한 민주적 의회의 우위가 결정적으로 위협을 받았다. 군사쿠데타로 집권한 정치세력은 제왕적 대통령제를 넘어 심지어 영도자적 대통령제를 헌법 문서에 제도화했다. 이 과정에서 민주적 의회의 우위를 상징하는 의원내각제는 부패하고 비효율적인 기득권 집단의 권력과점체제를 대표하는 제도로, 뜻하는 바가 서서히 바뀌었다.

다시 60년대의 어느 날로

1987년 헌법에 이르기까지 헌법 문서는 국가 블록과 자본 블록 사이에 정치적 휴전을 제대로 담아내지 못한 채, 끊임없이 요동했다. 군사쿠데타에 의한 헌법 개정은 1952-1954년에 형성된 국가 블록과 자본 블록의 독특한 경쟁구도를 제대로 담아내지 못했고, 오히려 양자의 갈등을 증폭시켰다. 헌법 문서의 내용이 아무리 풍성하게 되더라도, 주요 정치세력들 사이의 타협과 연대가 뒷받침되지 않으면, 정치적 화산폭발은 막을 수 없다. 마치 절절 끓는 마그마를 여기저기 내뿜고 있는 화산과 같이 헌법 문서는 국가 블록과 자본 블록, 그리고 그 바깥의 정치세력들 사이에 발생하는 분쟁이 임계점을 넘나들 때마다 끓어오르고 식어 내리기를 반복했다.

그렇다면 현행 헌법인 1987년 헌법은 어떻게 이해해야 할까? 1987년 헌법이 국가 블록과 자본 블록, 즉 산업화세력과 민주화세력의 대타협을 확인한 정치적 휴전 문서라는 점은 명백하다. 흔히 '독재 vs 민주'라는 선악구도에 의해 오해되는 경향이 많지만, 1987년 헌법의 두 주역인 산업화세력과 민주화세력은 1952-1954년 이후 적대적 공생관계를 이어온 쌍생아였다. 따라서 이들 사이의 정치적 타협은 체제와 반체제의 타협이 아니라 체제 내 경쟁자들의 타협이었다. 그 이후 30년 동안 헌법 개정이 없었던 점만 보더라도 대타협의 토대는 상대적으로 튼튼하다고 볼 수 있다. 그러나 여기에는 두 가지 점에서 더 깊은 설명이 필요하다. 1987년의 대타협에서 배제된 다른 정치세력을 감안해야 하고, 또 대타협을 이끈 정치적 대리인들의 중요성도 고려하지 않으면 안 되기 때문이다.

1987년 6월 민주화대항쟁의 결과로 탄생한 1987년 헌법은 미래가 아니라 과거를 지향했다. 산업화세력과 민주화세력 내부의 온건파들은 배후에서 분노를 삭이는 강경파들을 달래면서 경제성장의 빛과 독재정치의 어둠을 교환할 수 있는 적정한 지점을 찾아 그리로 돌아가고자 했다. 그리하여 찾아낸 것이 아직 신군부도 없었고, 5·18 광주도 없었으며, 10월 유신도 없었고, 3선 개헌도 없었던 1960년대의 어느 시점이었다. 4·19와 5·16이 각기 혁명이라고 주장되던 시기, 민주화세력은 무기력하게도 4·19의 성과를 잃어버린 죄책감에 시달리고 산업화세력은 무력에 의존하여 5·16을 일으켰던 원죄에 시달리던 시기, 그리하여 이 두 세력이 서로를 비난하면서도 각종 선거에서 맞붙어 간발의 차로 승부를 내던 시기, 6·25의 핏빛과 요정정치의 낭만이 오롯이 살아 있던 그 시기로 돌아가 함께 다시 시작하고자 했던 것이다.

민주화투쟁이 절정으로 치닫던 기간 동안, 양 세력의 타협은 막후에서 협상을 진행하던 정치적 대리인들에 의하여 의원내각제 개헌안으로 구체화되었다. 오랜 군사정권을 청산하고 4·19의 성과였던 의원내각제로 돌아가면서 그 운영주체의 일부로 5·16의 추종자들을 받아들이려고 했던 것이다. 그러나 이들과 경쟁하던 다른 정치적 대리인들, 특히 양 김(김영삼, 김대중)은 의원내각제를 고리로 한 타협이 정치적 재앙이 될 수 있음을 누차 경고했다. 그렇게 해서는 국가 블록과 자본 블록의 타협 과정에서 배제된 노동자, 농민, 그리고 다양한 도시 중산층을 만족시킬 수 없으며, 민주화세력이 산업화세력에 야합한다는 비난을 받을 수밖에 없었기 때문이다.

87년형 체제의 독특한 권력구조

양 김은 바로 이 국면에서 대통령직선제 개헌을 주장했고, 주도적으로 밀어붙였다. 이는 대대로 자본 블록의 노선이었던 의원내각제 대신 국가 블록의 전유물이나 다름없었던 대통령직선제를 민주화의 상징으로 내세우자는 묘책이었다. 왜 그랬을까? 대통령직선제가 정치, 경제, 사회, 문화의 모든 측면에서 강렬한 성장욕구에 불타는 시민들의 열망에 적극적으로 편승할 수 있었음은 물론이다. 이 점을 이해하려면 헌법정치에서 대통령직선제가 가져오는 특수한 효과를 주목할 필요가 있다.

흔히 대통령직선제는 최고 권력의 향배를 유권자가 직접

결정함으로서 민주정치의 실현에 유리하다고 여겨지지만, 이는 근본적으로 오해에 가깝다. 대통령직선제의 정확한 의미는 의회와 대통령을 별도의 선거로 구성함으로써 민주적 정당성을 둘로 나누어 관리하는 것이다. 이런 관점에서 대통령직선제는 일종의 패자부활전을 제도화하는 효과를 가진다. 대통령선거에서 패배한 정치세력에게도 의회선거를 통해 차기를 노릴 수 있는 기회가 부여되기 때문이다.

1987년 헌법은 대통령직선제에도 불구하고 여전히 의회에 강력한 권한을 제도적으로 보장했다. 대표적으로 부통령 대신 국회의 동의를 얻어 대통령이 임명하는 국무총리를 두어, 직선 대통령이 의회와 권력을 공유하도록 강제했다. 이는 유신체제에서 비롯된 제왕적 대통령제의 유산이 그대로 남은 상황에서, 이를 통제하기 위하여 직선 대통령이 거의 모든 사안에서 의회의 동의를 얻어 국정을 운영해야만 하도록 하는 시스템이었다. 이로써 1987년 헌법은 대통령중심제의 외관에도 불구하고 정치 상황에 따라 얼마든지 이원정부제로도 운영될 수 있었다. 민주적 의회의 우위를 추구했던 제헌헌법의 특징은 산업화세력이 아니라 민주화세력이 대통령직선제를 주장한 1987년의 정치적 타협을 통해 제왕적 대통령과 제왕적 의회가 공존하는 독특한 권력구조로 바뀌었다.

이와 관련하여 반드시 감안해야 할 문제가 하나 더 있다. 1987년의 정치적 타협에서 식민지 시대 이래의 유산인 중앙집권적 권력구조가 아무런 손상 없이 살아남았던 점이다. 군사정권 기간 동안 중단되었던 지방자치는 어렵사리 부활했지만, 여전히 행정권의 좁은 영역에서 2할 자치의 수준을 벗어나지 못했다. 산업화세력과 민주화세력의 타협, 강력한 직선 대통령과 강력한 직선 의회의 공존은 사실 이와 같은 중앙집권적 권력구조 내부의 권력 분점을 제도화한 것이나 다름없었다.

1노 3김과 그 이후

이러한 이유로 1987년 헌법하에서 한국 정치는 1987년 당시 1노 3김(노태우, 김영삼, 김대중, 김종필)이 마련한 정치적 기회구조 속에서 움직일 수밖에 없었다. 1990년의 3당 합당이나 1997년의 DJP연대, 2002년의 행정수도 이전 공약이나 2007년의 수도권·영남 연대 등에서 보듯, 차기 대통령 선거의 향배를 두고 의회권력을 분점한 지역주의 정치세력들 간에 합종연횡을 도모하는 방식이 대표적이었다. 이를 통해 1노 3김은 차례로 최고 권력을 향유했고, 시민들은 지역감정의 경계선을 따라 반복되는 정치적 이합집산에 익숙해져갔다.

물론 대통령 권력을 차지한 정치세력은 집권 이후 대통령 친위세력의 주도 아래 단독으로 정치권력을 장악하려고 시도했고, 이는 어김없이 새로운 집권여당의 결성으로 나타났다. 그렇지만 민주자유당, 신한국당, 새천년민주당, 열린우리당, 한나라당, 새누리당의 이름들이 사라진 것에서 드러나듯, 그러한 정치적 시도는 시민들의 선택을 받지 못했다. 오히려 시민들은 1987년 헌법에 내장된 정치적 합종연횡의 구조를 집권세력에 맞서서 대대로 역이용해왔다. 시민들은 대통령을 직접 선출하는 과정에서 지역주의 정치세력들 간에 정치적 합종연횡이 벌어지는 사태를 양해하면서도, 선출된 대통령이 패권정당을 만들어 장기집권을 획책하는 것은 결코 허용치 않았다.

그렇다면 대통령 권력을 차지한 뒤 패권정당화를 추구했다가 버림을 받은 정치세력들은 정치적 실패에 어떻게 대응해왔는가? 흥미롭게도 이 점에는 근본적인 변화가 보인다. 1노 3김은 대체로 권력이 수명을 다한 뒤, 패권정당화를 거부한 국민들의 선택을 수용하면서, 새롭게 구성된 정치연합의 리더십에 순응하는 자세를 보였다. 예를 들어, 이들은 대통령 임기 말에 이르러 레임덕에 빠졌을 때, 대통령의 제도적 권력 행사를 자제하는 태도를 보였으며, 퇴임 후에는 심지어 과거청산의 대상이 되는 운명조차 감수하기도 했다. 어떤 의미로 이러한 자세는 이들이 정치권력을 내려놓고 물러나는 소극적인 방식으로나마 1987년 헌법에 책임을 지는 방법일 수도 있었다.

그러나 1노 3김이 현실정치에서 물러난 이후 집권한 정치세력들은 전혀 다른 접근방식을 보였다. 특히 노무현 정권과 박근혜 정권은 흥미로운 공통점을 보여준다. 이 두 정권은 1노 3김의 모범을 헌정사의 전례로 받아들이지 않은 채, 오히려 1987년 헌법의 정치적 기회구조 그 자체에 도전하려고 했다. 노무현 정권은 백년 정당을 만들려던 열린우리당이 사라진 뒤에도 정치적 권토중래를 모색했고, 박근혜 정권은 퇴임 이후를 대비한 정치적 에너지의 보존을 위해 친박 핵심들로만 집권여당을 재구성하고자 했다. 다만 이들이 도전하는 방향은 정반대였다. 전자는 민주주의의 심화를 통해 1987년 헌법을 극복하려고 했고, 후자는 권위주의의 재연을 통해 1987년 헌법을 철회하려고 했다.

노무현, 박근혜 정권의 경우

돌이켜 보건대, 통치를 위한 권력 자원의 측면에서 박근혜 정권은 헌정사상 가히 최상의 조건 속에 놓여 있었다. 민주적 선거를 통하여 대통령과 의회의 권력을 모두 석권한데다가 군, 정보기관, 언론, 재벌 등의 총체적인 성원을 받고 있었던 것이다. 그럼에도 박근혜 정권은 야당과의 협치는 고사하고 자신들 내부, 즉 친박과 비박, 심지어는 친박 사이의 공생마저 이루지 못한 채, 4년 동안 단 하나의 국가적 어젠다도 성공적으로 추진하지 못했다. 왜 그랬을까?

박근혜 정권의 정치적 무능은 유권자 다수를 대변할 수 있는 유효한 집권연합을 구성할 기회를 의도적으로 외면한 채 오로지 권력의 독점에 집착했던 것에 기인한다. 이는 정치적 합종연횡이 요구되는 1987년 헌법의 정치 문법을 철저하게 외면하는 선택이었다. 집권 기간 내내 박근혜 정권은 야당과의 협치는 접어둔 채, 집권여당 내부의 정적(政敵)들을 쳐내고 권력을 독점하는 데 전력을 다했을 뿐이다. 박근혜 정권이 진심으로 시대정신을 고민하고 국가적 어젠다의 성사를 바랐다면, 통치를 위한 권력 자원의 측면에서 누리고 있었던 최상의 조건을 그처럼 쉽게 방기할 수는 없었을 것이다. 그런데 이들은 도대체 왜 그처럼 권력 독점에만 매달렸던 것일까?

박근혜 정권의 이러한 모습은 노무현 정권과 극적인 대조를 이룬다. 노무현 정권은 한미 자유무역협정(FTA)의 체결을 밀어붙이던 정권 후반기에 이르러 박근혜 대표가 이끌던 당시의 제1야당(한나라당)에 대하여 난데없이 대연정을 제안했다. 이는 한미 FTA로 대표되는 신자유주의적 시장개혁이라는 국가적 어젠다를 성사시키기 위하여 뒤늦게나마 유효한 집권연합을 구성하려는 시도였다. 물론 이러한 시도는 한나라당의 철저한 도외시 속에서 무위로 돌아갔고, 오히려 분노한 지지자들이 지지를 철회함으로써 당시의 집권여당을 분열시키는 결과를 초래했다. 급기야 정권 말기에는 '굿바이 노무현!'이라는 슬로건에서 보듯 노무현 정권은 정치적 고립무원에 빠졌고, 마지막으로 제기했던 원포인트 헌법 개정마저 정치세력 전체의 의도적인 외면을 받았다.

1987년 헌법의 정치적 기회구조를 생각할 때, 애초부터 정치적 소수파로 집권했던 노무현 정권은 정권 초기에 국가적 어젠다를 뒷받침하기 위하여 다른 정치세력들과 유효한 집권연합을 구성했어야 했다. 그러나 이를 결행할 수 있었던 적절한 기회와 타이밍을 거듭하여 놓쳤고, 임기가 진행될수록 정치적 역량은 급속히 고갈되었다. 집권 후반기의 대연정 제안이나 원포인트 헌법 개정론은 뒤늦게나마 현행 헌법에서 유효한 정치연합의 중요성을 깨닫고 정치적 수세 국면을 일거에 역전시키려는 시도들이었다고 평가할 수 있다. 그러나 유감스럽게도 정권 말기 노무현 정권에겐 이를 추진할 만한 정치적 역량이 없었다.

집권 후반기에 이르러 노무현 정권과 박근혜 정권은 모두 시민들의 냉정한 심판을 받았다. 그러나 그러한 결과에 이르는 과정은 아주 달랐다. 노무현 정권은 갈수록 불리해지는 정치적 조건 속에서 정치적 역량의 고갈로 유효한 집권연합을 이룰 수 없었지만, 박근혜 정권은 최상의 권력 자원을 보유하고 있으면서도 유효한 집권연합을 외면했던 것이다. 바로 여기에 결정적인 질문이 필요하다. 왜 박근혜 정권은 1987년 헌법의 오래된 정치 문법을 외면하고 그토록 권력의 독점에만 열을 올렸던 것일까? 그리고 심지어 대통령이 파면된 후 구속 기소되어 재판을 받게 된 상황에 이르러서까지도 책임지는 사람 하나 없이 특정 지역과 세력을 볼모로 권력의 유지에 집착하는 것일까?

전제가 사라졌다

노무현 정권에서 시작하여 박근혜 정권에 이르는 동안, 한국 정치에서 1987년 헌법의 오래된 정치 문법을 지탱해온 근본적인 조건, 전제가 변화했다. 차기권력의 향배를 두고 1987년 체제에서 의회 권력을 분점한 지역주의 정치세력들 간에 합종연횡이 가능했던 까닭은 지속적인 성장을 통한 분배 정의의 관리가 이루어질 수 있었기 때문이다. 집권연합은 그 안에서 과실을 나눌 수 있었고, 차기의 집권을 노리는 새로운 권력연합도 가까운 장래에 자신들의 몫을 기대할 수 있었다. 이는 지역주의 정치세력들의 합종연횡에 의하여 대표되는 유권자들이나 심지어 정치 일선에서 선선히 물러났던 1노 3김까지도 공유하고 있었던 조건이자 전제였다.

역사적 관점에서 이와 같은 조건과 전제는 한국전쟁 이

후 제도화된 대한민국의 헌법정치를 뒷받침해왔다. 분단 구조하에서 유래하는 자유와 민주의 과도한 제한과 그에 따른 정치적 정당성의 결핍을 지속적인 성장을 통하여 보충하는 독특한 기제야말로 한국 정치의 기본 문법이었던 것이다. 군사정권 기간 체제의 이념으로까지 내세워졌던 '지속적인 성장을 통한 분배 정의의 관리'는 민주화를 통해 등장한 1987년 헌법에도 보이지 않는 조건으로 내장되었다. 연 10퍼센트 이상의 지속적인 경제성장을 이루었던 한강의 기적이 민주화 이후에도 안정적으로 계속되리라는 전망, 또는 그렇게 되어야만 한다는 당위가 현행 헌법의 저변에 깔려 있었다.

그러나 1997년 IMF 환란에 의하여 크게 흔들렸던 이와 같은 조건 또는 전제는 노무현 정권 때부터 와해되기 시작해 2008년 발생한 세계적 규모의 금융 위기 이후 사실상 폐기되었다. 헌정사상 가장 강력한 권력 자원을 가졌던 박근혜 정권이 저성장의 기조에 적응하지 못하고 권력을 독점하려다가 국민적 심판을 받는 과정은 이 점을 단적으로 보여준다. 저성장, 심지어 마이너스 성장이라는 초유의 조건 속에서 박근혜 정권은 시대정신을 담은 국가적 어젠다를 성사시켜야 한다는 당위마저 상실한 채, 오로지 정치적 과실을 확보하는 데 탐닉했던 것이 아닌가?

'지속적인 성장'이라는 현행 헌법의 가장 중요한 조건이자 전제가 사라졌으므로 1987년 헌법의 변화는 불가피하다. 2008년 이후 세 차례 구성된 대한민국 국회에서 헌법 개정이 최대의 화두였고, 현재도 4대 정파 모두가 개헌을 주장하고 있다. 그러나 국민들이 '지속적인 성장을 통한 분배 정의의 관리'를 여전히 한국 정치의 근본적인 조건이자 전제로 생각하는 한, 헌법 개정은 매우 어려운 작업일 수밖에 없으며, 4대 정파에게도 새로운 정치 문법을 만들어낼 기회인 동시에 지금까지의 기득권 전부를 상실할 수도 있는 위기이다. 분명한 것은 오늘날 한국 사회에서 1987년 헌법을 지탱해온 오래된 정치 문법이 더 이상 작동하지 않으며, 헌법 정치의 미스매치(mismatch)가 지속될수록 위기가 깊어질 것이라는 사실이다. 그렇다면 우리는 어떻게 해야 할까?

달라진 상황

마지막으로 대한민국이라는 민주공화국 프로젝트의 입장에서 질문을 던져보자. 그렇다면 강력한 직선 대통령과 강력한 직선 의회를 공존하게 만든 1987년 헌법의 기획은 과연 성공한 것일까? 일종의 패자부활전을 제도화하는 독특한 권력구조는 시민들의 성장 욕구를 수용하는 데 어느 정도 성공해온 것으로 보인다. 하지만 지속적인 성장이라는 최대의 전제가 무너진 것과 함께 1987년 헌법을 뒷받침해온 다른 조건들도 붕괴하고 있음을 부인하기 어렵다. 무엇이 문제인가?

첫째, 민주화세력과 산업화세력의 정치적 휴전에 불변의 상수로 작용했던 분단현실이 변화하고 있다. 남북기본합의서, 남북한 유엔 동시가입을 거쳐 남북정상회담과 경제협력으로 이어지는 남북화해의 점진적인 진행 과정은 이러한 흐름을 보여준다. 1989년 동구 공산권 붕괴 이후 개시된 탈냉전 및 동북아 국제정치 구도의 재편을 생각할 때, 남북의 화해협력은 돌이킬 수 없는 대세이다. 시대착오적인 북한의 핵개발이 없었더라면, 분단현실의 변화는 진작 가속화되었을 것이다.

둘째, 1987년 헌법이 전제하는 중앙집권적이고 폐쇄적인 단일국가는 더 이상 존재하지 않는다. 세계화와 정보화, 다원화는 이미 거스를 수 없는 시대적 대세이며, 최근에는 인공지능과 4차 산업혁명까지 논의되는 수준이다. 지방자치 및 지방분권의 요구도 더 이상 외면할 수 없는 상황에 이르렀다. 중앙집권적이고 폐쇄적인 단일국가를 전제로 구성된 정치, 행정, 사법, 금융, 교육, 문화 시스템들은 한국 사회의 이곳저곳에서 분출하는 다원적 요구를 더 이상 수용할 수 없다.

셋째, 1987년 헌법이 전제하는 시민들의 지칠 줄 모르는 성장욕구가 2000년대 이후 급격하게 감소하고 있다. 사상 최고의 수준으로 올라간 이혼율과 사상 최저의 수준으로 떨어진 출산율은 이에 관한 단적인 증거다. 최근 계속되는 고용 없는 성장이나, 급격하게 진행 중인 고령화현상은 어두운 전망을 더욱 강화한다. 이러한 상황에서는 패자부활전을 제도화하여 정치적 불확실성을 높이기보다 주어진 자원의 활용을 극대화하는 합리적인 정치적 의사결정구조가 긴요하다.

넷째, 1987년 헌법이 제대로 고려하지 못했던 사법 권력에 대한 민주적 통제가 중대한 헌법적 과제가 되었다. 1987년 헌법 아래서 제왕적 대통령과 제왕적 의회의 공존은 기묘하게도 정치의 사법화를 야기했다. 위헌법률심판이 일상사가 되었고 대통령 탄핵이나 위헌정당의 해산을 헌법재판소가 결정하게 되었다. 모든 정치 현안에는 검찰의 개입이 당연시되고, 중요한 국가적 정책결정은 으레 사법 과정에 맡겨진다. 제왕적 대통령과 제왕적 의회가 무책임하게도 책임을 사법 과정으로 떠넘기고 있기 때문이다. 따라서 사법 권력의 민주적 통제가 없이는 민주공화국 프로젝트를 계속할 수 없는 상황에까지 이르렀다.

국가적 비전의 문제

이러한 통찰은 현행 헌법 이후 국가적 비전에 관한 문제를 제기하게 만든다. 기실 1987년 헌법은 매우 복고적인 경향을 띠는 탓에 1990년대 중반 전두환과 노태우, 두 전직 대통령에 대한 과거청산이 사법적으로 마무리될 때까지 상당한 효과를 발휘했다. 하지만 그 이후에는 한국 사회의 미래에 대하여 별다른 비전을 제공하지 못하고 있는 것도 사실이다. 그러면 1995년 이후 20여 년간 한국 사회에서 새로운 국가적 비전에 관한 토론은 어떻게 진행되었는가?

집권세력이 강력하게 추진한 것은 단연 글로벌리제이션이었다. 이는 냉전 종식 이후 세계를 휩쓸었던 신자유주의/금융자본주의 물결에 적극적으로 편승하려는 비전이었다. 1994년 말 김영삼 정권이 국가경쟁력의 강화를 명분으로 세계화 드라이브를 시작한 이후 역대 집권세력은 일관되게 신자유주의적 개혁을 추진했다. IMF 환란 이후 김대중 정권이 시도한 친금융자본적 구조조정, 노무현 정부의 동북아 금융허브 전략과 한미 자유무역협정의 체결 등을 예로 들 수 있다.

그러나 오늘날 한국 사회 내부에서 글로벌리제이션이 현행 헌법의 개정을 추동할 만한 국가적 비전으로 성장했는지는 의문이다. 그 이유는 신자유주의적 개혁이 가져온 소득 불균형 및 사회적 양극화의 심화, 저성장사회의 도래와 일자리 감소, 가정의 붕괴, 출산율 감소, 노령인구의 폭증 등 정치사회적 부작용이 심대했기 때문이다. 2008년에 세계적인 금융위기가 발생한 이후로는 신자유주의적 개혁을 내걸고 집권한 이명박 정권도 그 방향으로 나갈 수 없었다.

이러면서 한국 사회에서 국가적 비전으로 새삼스럽게 떠

오른 것이 복지국가론이다. 특히 2010년 지방선거에서 '무상급식' 공약이 성공적인 의제가 된 뒤에는 보수 정당들마저 경제민주화를 2012년 대통령선거의 대표 공약으로 내세웠을 만큼 극적인 변화가 있었다. 문제는 집권에 성공한 박근혜 정권이 공약을 전혀 이행하지 않은데다가 박근혜-최순실 게이트를 겪으면서 복지국가론의 규범적 토대인 공적 권력의 공정성과 합리성에 대한 신뢰가 사라졌다는 점이다.

국가의 재분배 기능이 강조되는 복지국가론은 당연한 전제로서 재분배 과정을 관리할 정치세력의 공정성을 요구한다. 따라서 정치세력 일반에 대한 국민적 불신은 '프리라이딩(free riding)'의 방지에 관한 기대를 치명적으로 약화시킬 수밖에 없다. 만약 압축적 국민국가 건설 과정에서 관료기구 안팎에 관행화된 전관예우의 폐습이 복지국가론과 함께 전 사회적인 프리라이딩의 창궐을 야기한다면, 그보다 더한 정치적 재앙이 어디에 있을까?

새로운 정치 문법은 어떻게?

이 점에서 2017년 3월 10일의 대통령 파면 결정은 복지 국가론을 국가적 비전으로 삼아 헌법 개정을 추동할 만한 도덕적 에너지를 찾을 수 있을지에 관하여 짙은 회의를 남기고 있다. 2017년 한국 사회에는 현행 헌법이 국가적 비전을 제시하지 못하는 가운데, 글로벌리제이션과 복지국가론도 좌초하고 있는 형국이다. 그렇다면 어떻게 할 것인가?

2017년의 한국 정치는 1노 3김 모두가 정치 일선에서 물러난 지 15년 만에 1노 3김을 대체하는 정치 구도를 형성했다. 혁신세력이 장외로 밀려난 가운데, 의회 권력을 분점한 친박, 비박, 비문, 친문의 4대 정파가 조기 대통령 선거에서 격돌하게 된 것이다. 2017년 대통령 선거의 대진표는 1987년 헌법에 내장된 정치적 합종연횡의 오래된 문법이 시효를 다했음을 의미한다. 30년 전 현행 헌법을 설계했던 1노 3김의 정치세력들이 모두 사라진 마당에 누가 구태여 그 오래된 정치 문법을 따르고자 할 것인가? 그러나 오래된 정치 문법의 폐기는 그것을 역이용하여 특정 정치세력의 장기집권을 막아온 시민들의 예지와 슬기 또한 무화(無化)시켜버릴 위험을 배태한다. 그렇다면 이러한 예지와 슬기를 보존하면서 새로운 정치 문법을 세울 수 있는 방도는 없는 것일까?

대한민국이라는 민주공화국 프로젝트의 관점에 선다면, 이 대목에서 제기해야 할 질문은 하나다. 민주적 의회의 우위를 통하여 사회경제적 평등을 추구함으로써 헌법적 시민들을 양성하려던 1948년 헌법의 기획은 어디로 가버렸는가? 제왕적 대통령과 제왕적 의회의 공존은 어디까지나 수단일 뿐이다. 그 수단을 수단 삼는 헌법적 목표를 1987년 헌법은 혹시 잊어버린 것은 아닌가? 이 질문에 답하기 위해서 우리는 이제 대한민국 헌정사에 대한 탐구를 벗어나 다시 헌법 텍스트로 돌아가야 한다. 헌법 1조의 두 번째 문장이 이 귀환의 목적지다.

/

아홉.

헌법을 노래한다는 것

/

헌법 1조의 두 번째 문장에서 우리 대한국민은 말한다.

"대한민국의 주권은 국민에게 있고, 모든 권력은 국민으로부터 나온다."

제헌헌법에서 헌법 2조였던 이 문장은 이후의 헌법 개정 과정에서 헌법 1조의 두 번째 문장으로 자리가 바뀌었다. 그래서 이 문장은 1항의 단순한 반복이거나 부연설명으로 느껴지기도 한다. 그만큼 헌법 1조의 첫 문장이 강렬하고 압축적인 까닭이다. 이 때문에 헌법교과서는 이 대목에서 해석론의 전개에 곤란을 겪는다. 국민주권 또는 주권재민의 원리는 이미 첫 문장의 해석으로 충분히 설명했다. 그렇다면 이 두 번째 문장에 대해서는 또 무엇을 덧붙여야 한다는 말인가?

그러나 곰곰이 살펴보면 이 두 번째 문장은 1항과 다른 각도에서 깊은 감동을 자아낸다. 이 점을 느끼려면 일단 헌법의 주어인 우리 대한국민을 드러내어 이 문장을 다시 읽어야 한다.

"우리 대한국민이 말한다. 대한민국의 주권은 (우리 대한)국민에게 있고, 모든 권력은 (우리 대한)국민으로부터 나온다."

이 문장에서 우리 대한국민은 주권 개념을 처음 사용한다. 다만 그 활용은 어디까지나 '대한민국의 주권'으로서 국가 내적인 개념이다. 이처럼 조심스럽게 우리 대한국민이 주권 개념을 꺼내놓는 이유는 무엇인가? 그리고 왜 우리 대한국민은 바로 그다음에 주권의 소재지가 바로 자기 자신이며, 더 나아가 모든 권력이 자기 자신으로부터 나온다는 점을 새삼스럽게 확인해두는 것일까?

주권 개념의 명암

헌법 1조의 두 번째 문장을 묵상하기 위해서는 주권 개념에 대한 고찰이 필요하다. 서구에서 주권 개념의 유래는 그리스·로마 시대부터 추적할 수 있으나, 고전정치학에는 지금 우리가 사용하는 주권 개념과 유사한 것이 없다. 오늘날의 주권 개념은 프로테스탄트 종교혁명 이후 종교적 내전에 시달리던 유럽의 정치적 혼란을 극복하기 위하여 프랑스의 가톨릭 정치이론가였던 장 보댕(1530-1596)이 제안한 개념이다. 그는 주권 개념을 신학적 기초에서 분리하여 국가의 본질적 표지로 격상시키면서 대내적 최고성과 대외적 독립성을 핵심 징표로 제안했다.

결론부터 말해, 주권 개념은 대단히 유용한 정치적 표상으로서 16-17세기 유럽을 휩쓴 종교적 내전을 종식시키는 데 결정적으로 기여했다. 이 개념을 통해 모더니티의 정치적 표상인 주권국가가 고안되었고, 이를 기초로 정치공동체가 재구성되었기 때문이다. 대내적으로 최고 권력인 주권에 대한 복종을 확보하고, 대외적으로 독립 권력인 주권들 사이에 평등을 확보함으로써, 유럽 대륙은 주권국가들 안팎에 평화를 확보할 수 있었다. 1648년 유럽의 종교전쟁을 마무리한 베스트팔렌조약에서 제도화된 주권국가체제는 오늘날까지도 굳건하게 작동하고 있다.

하지만 그와 동시에 주권 개념에는 끊임없이 전쟁을 야기한 어두운 측면도 존재한다. 주권국가는 심지어 전쟁의 도발이나 식민 통치마저 주권의 결단으로 탈도덕화하는 일이 다반사였기 때문이다. 나아가 서구의 세계 지배가 이루어진 이후에는 비서구세계에서 주권국가의 수립 그 자체를 폭력 투쟁의 직접적인 목적으로 삼는 경우도 비일비재했다. 주권국가는 전쟁이나 폭력상태가 촉발될 때마다, 그것을 이유로 비상사태를 선포했으며, 그 기초 위에서 자유 시민들에 대한 억압을 정당화했다.

주권 개념에서 비상사태의 그림자를 읽어내는 것은 무리한 입론이 아니다. 주권 개념은 종교적 내전이라는 비상사태를 통해 탄생했으며, 개념적으로 언제든 비상사태를 선언할 수 있는 가능성을 내포하고 있다. 주권 개념은 비상사태의 논리를 내장하고 있다. 언젠가 카를 슈미트가 말했듯이, 주권과 비상사태는 함께 태어난다. "비상사태를 결정하는 자, 그가 곧 주권자이다."

주권이 헌법을 만든다?

그렇다면 우리 대한국민이 조심스럽게 주권 개념을 언급하는 헌법 1조의 두 번째 문장을 우리는 어떻게 이해해야 하는가? 앞에서 우리는 헌법 1조의 첫 문장을 해석하면서 이 문장을 선언하는 우리 대한국민의 권력을 헌정권력으로 명명했다. 헌정권력은 우리 대한국민이 헌법적 언약을 통해 서로에게 자유를 부여함으로써 헌법에의 가치적 구속을 스스로 받아들이는 자기 구속적 권력이다. 우리 대한국민은 헌정권력을 행사하여 헌법을 약속하고 대한민국이라는 민주공화국 프로젝트를 시작했다. 바로 그 헌법 속에서 지금 우리 대한국민은 주권 개념을 언급하고 있다.

여기서 주목할 것은 헌법 1조의 두 번째 문장이 헌법을 통해 주권, 즉 대한민국의 주권을 말하고 있다는 점이다. 이는 대한민국의 주권이 대한민국의 헌법을 명령하는 것이 아니라 대한민국의 헌법이 대한민국의 주권을 규정함을 의미한다. 헌법교과서가 헌법제정권력과 주권을 동일시하는 방식으로 암암리에 유포해온 일종의 공식은 주권이 헌법을 만든다는 것이다. 그러나 헌법 1조의 두 번째 문장은 그와는 정반대의 공식이 진실임을 보여준다. 주권이 헌법을 만드는 것이 아니라 헌법이 주권을 만든다. 헌법 1조의 첫 문장은 우리 대한국민이 그 자유를 기초로 헌정권력을 행사하여 헌법을 약속했고, 그 헌법을 통해 대한민국이라는 민주공화국 프로젝트를 시작했음을 선포한다. 그리고 이어지는 두 번째 문장은 그 대한민국의 주권이 어디에 있는지를 설명한다.

주권이 헌법을 만드는 것이 아니라 헌법이 주권을 만든다는 이 사상은 수백 년 전 종교전쟁의 한가운데서 일부 유럽인들이 고통 속에서 찾아낸 생각이다. 이때의 헌법은 같음을 전제한 뒤 다름을 찾아내어 살육에 이른 투쟁의 논리가 아니라, 다름을 전제한 뒤 같음을 찾아내어 공존에 이른 화해의 논리를 상징한다. 주권 개념을 헌법 안에 담아냄으로써 비상사태의 결단을 내장한 절대주의의 위험성은 어느 정도 제어될 수 있었다. 헌법을 통해서 똘레랑스라는 덕성을 비로소 마주할 수 있었기 때문이다. 다만, 한 가지 결정적인 질문이 여전히 남아 있다. 그러면 헌법은 어떻게 주권을 만드는가?

대한민국이라는 민주공화국 프로젝트는 주권이 아니라 헌법을 정치의 중심에 세우고, 이를 통하여 자유와 민주의 모순적 길항관계를 조화롭게 이끌어간다. 헌법 1조의 두 번째 문장은 이 과정에 활용된 헌정주의의 혁신적 아이디어를 가감 없이 보여준다. 핵심은 주권을 헌법 문서에 쓰는 것이다. 성문헌법주의로 통칭되는 이 아이디어는 주권 개념을 헌법 문서의 의미 범주 속에 담아냄으로써 헌법에 의한 자기 구속을 주권이 수용하도록 만드는 효과가 있다. 여기서 더 나아가 헌법 1조의 두 번째 문장은 주권 개념을 우리 대한국민의 주권이 아니라 대한민국의 주권으로 한정하여 쓰고 있다. 태생적으로 주권 개념에 내포될 수밖에 없는 절대주의의 위험성을 이중으로 예방하기 위해서다.

비상사태의 그림자

그러므로 헌법 1조의 두 번째 문장은 결코 첫 문장의 단순한 반복이거나 부연설명이 아니다. 오히려 그 이면에는 주권 개념이 호명될 수 있을 만한 비상사태의 그림자가 짙게 깔려 있다. 오로지 집단적 생존만을 목표로 권력에게 모든 것을 위임할 가능성이 있는 긴급 상황, 즉 대한민국이라는 민주공화국 프로젝트를 중단하거나 포기할 수도 있는 헌정적 위기를 전제로 해석해야만 이 문장의 의미가 제대로 살아난다.

예를 들어 민주공화국 프로젝트가 내란이나 외환 또는 천재지변이나 갑작스런 대공황과 같은 요인들로 인하여 일시적으로 중단되거나 아예 방기될 위기에 봉착했다고 상상해보자. 그 경우에는 민주공화국 프로젝트를 수호하기 위해서라도 시원적이고 독립적인 최고 권력인 주권을 작동시키지 않으면 안 된다는 요청이 쇄도할 것이다. 시민들은 심지어 자유와 민주와 공화의 프로젝트를 역행하더라도, 헌정을 중단하고 헌법 바깥으로 나가 질서와 권위와 집권의 논리에 호소해야 한다고 주장할 것이다. 통치자들은 일단 살고 봐야 한다는 집단적 생존의 논리에 기대면서, 헌법이 아니라 주권을 내세워 비상사태를 선언하고픈 유혹에 노출될 것이다.

헌법 1조가 말하는 민주공화국 프로젝트는 비상사태가 발생할 가능성을 도외시하거나 비상사태가 발생했을 때 무책임하게 방기하는 비현실적 프로젝트가 아니다. 오히려 그것은 주권 개념에 근거하여 계엄을 선포거나 긴급명령을 내리고, 중앙집권적 권력행사를 통해 이를 실현시키는, 대단히 현실적인 프로젝트이다. 그러나 이와 같은 헌법적 독재(constitutional dictatorship)는 어디까지나 주권이 아니라 헌법에 의하여 진행되는 긴급 처방이다. 결코 주권의 결단에 따라 헌정을 중단하거나 헌법 바깥으로 나가 집단적 생존을 위해 무슨 일이든 벌여도 되는 권력의 백지위임이 아니다.

그렇다면 민주공화국 프로젝트의 위기가 실제로 발생했을 때, 우리 대한국민은 어떻게 해야 하는가? 비상사태를 극복하기 위하여 헌법적 독재권을 발동했을 때, 그 권력이 절대주의의 유혹에 넘어가 헌법을 위반하게 되는 사태를 막고, 하루바삐 정상적인 헌정의 틀로 복귀하게 만들려면 우리 대한국민은 어떻게 해야 하는가? 민주공화국 프로젝트가 부득이 주권을 호명해야만 하는 위기에 부딪혔을 때, 한편으로 그 위기를 극복하면서도 다른 한편으로 민주공화국 프로젝트를 보호하려면 우리 대한국민은 어떻게 해야 하는가?

권력자에게 보내는 경고

헌법 1조의 두 번째 문장은 이러한 질문들에 대한 우리 대한국민의 대책이다. 우리 대한국민은 헌정권력을 행사하여 만든 대한민국의 주권이 스스로에게 있음을 선언한다. 이 선언은 일차적으로 비상사태를 틈타 자유와 민주와 공화의 민주공화국 프로젝트를 질서와 권위와 집권의 비상사태 프로젝트로 바꾸려는 권력자들에게 보내는 강력하고도 엄중한 경고다. 대한민국의 주권은 (우리 대한)국민에게 있으므로 현실의 권력자들이 비상사태를 명분으로 주권자를 참칭할 경우, 이는 명백히 헌법을 위반하는 행위가 될 것이다.

이와 같은 해석은 헌법적 언약을 체결하면서 행사된 우리 대한국민의 헌정권력이 대한민국이라는 민주공화국 프로젝트가 시작된 이후에도 결코 사라지지 않고 여전히 보존되어 있음을 증명한다. 단지 보존되어 있는 정도가 아니라 민주공화국 프로젝트가 위기에 봉착할 때마다 우리 대한국민의 헌정권력은 끊임없이 되살아나고 또 되살아나야만 한다. 헌법 전문은 이 점을 "불의에 항거한 4·19민주이념을 계승"한다고 말하는 대목에서 강력하게 암시하고 있다. 1987년 헌법을 가능케 한 그해 6월의 민주화대항쟁도 마찬가지다.

불의한 통치자들은 헌정의 위기를 기화로 절대주의적 주권 개념을 호명한 뒤 비상사태를 선포하여 헌정을 중단시키곤 했다. 그리고 더 나아가 감히 스스로를 주권자로 참칭하는 오만한 작태를 보이기까지 했다. 이 불의한 통치자들이야말로 민주공화국 프로젝트에 대한 가장 강력한 위협이었으며, 대한민국 헌정사 역시 그러한 위협에서 예외가 아니었다. 유신 헌법 1조 2항의 경우를 들어 이 문제를 잠시 살펴보자.

유신 헌법 1조 2항

1972년 10월 17일 박정희 대통령은 초헌법적인 국가긴급권을 구실로 비상계엄령을 선포한 뒤, 국회를 해산하고 정치활동을 금지하면서, 유신비상국무회의에 새로운 헌법안을 작성·제시하도록 지시했다. 이는 당시 적용되던 제6차 개정 헌법의 관련 규정을 전혀 따르지 않은 위헌적인 권력 행사였으나, 10월 27일에 제안된 헌법안이 11월 21일에 국민투표로 확정됨으로써 절차적 흠에 대한 논쟁은 봉쇄되었다. 유신 헌법은 통일주체국민회의에서 새롭게 선출된 박정희 대통령의 취임일인 12월 27일에 공포·시행되었다.

　박정희 대통령의 장기 집권을 제도적으로 뒷받침한 유신 헌법은 여러 가지 모순을 내포하고 있었다. 예컨대 대통령을 영도자적 국가원수로 삼아 국회의석 3분의 1의 추천권(40조 2항)과 헌법적 효력을 갖는 긴급조치권(53조 2항) 등을 부여하면서도 정작 그 대통령은 통일주체국민회의에서 간선으로 선출한 것(39조)이 대표적이다. 유신 헌법의 진면목은 무엇보다 1조 2항에서 잘 드러난다. 유신 헌법 1조 2항은 "대한민국의 주권은 국민에게 있고, 국민은 그 대표자나 국민투표에 의하여 주권을 행사한다"라고 선언한다.

　유신 헌법 이전, 그리고 그 이후의 헌법 1조 2항에 비하여 유신 헌법의 1조 2항은 근본적으로 방향 자체가 정반대이다. 원래의, 그리고 현재의 헌법 1조 2항이 비상사태를 틈타 주권을 참칭하는 권력자들에 대한 경고라면, 유신 헌법 1조 2항은 정반대로 주권자인 우리 대한국민에 대한 요구이다. 심하게 말하면, 대한민국의 주권은 국민에게 있지만, 국민의 주권 행사는 국민투표에 의한 경우가 아닌 한 반드시 대표자를 통해야 하니, 영도자적 국가원수인 대통령이 국민의 기본권을 정지시키는 긴급조치권을 행사하더라도 가만히 있으라는 요구인 셈이다. 이것이야말로 헌법 1조 2항의 근본 취지를 완전히 몰각(沒覺)한 채 주권의 행사를 빙자하여 헌법을 제멋대로 주무르려는 권력자의 처사가 아니고 무엇이겠는가?

대한민국 헌정사는 우리 대한국민이 이처럼 비상사태를 틈타 주권을 참칭하는 권력자들의 위협을 지속적으로 극복해온 역사이기도 하다. 다시 원래의 모습을 회복한 헌법 1조의 두 번째 문장은 그처럼 헌정이 위기에 봉착할 경우 우리 대한국민이 어디서 대응을 시작해야 하는지를 명시하고 있다. 무엇보다 먼저 대한민국의 주권이 우리 대한국민에게 있음을 확인해야 한다. 그래야만 민주공화국 프로젝트를 위협하는 불의한 권력자들의 비상사태 주장을 물리칠 수 있다. 헌법이 용인하는 헌법적 독재와 그렇지 않은 초헌법적 독재를 구분하는 시금석은 대한민국의 주권이 우리 대한국민에게 있음을 권력자가 환기하는가의 여부이다. 그렇지 않다면 우리 대한국민이 직접 나서는 수밖에 없다.

주권의 민주화

헌법 1조의 두 번째 문장은 이처럼 비상사태의 그림자 속에서 읽을 때 비로소 그 의미가 살아난다. 하지만 여기에 덧붙여야 할 말이 아직 조금 더 남아 있다. 흥미롭게도 헌법 1조의 두 번째 문장은 또 다른 권력의 문제를 추가한다. 대한민국의 주권이 우리 대한국민에게 있음을 밝힌 뒤, 이 문장은 "모든 권력은 (우리 대한)국민으로부터 나온다"고 선언하는 것이다. 이 부분의 의미는 또 어떻게 새겨야 하는가?

우리 대한국민의 헌정권력은 헌법적 언약을 체결할 때나 비상사태를 극복할 때 한 번 행사되고 사라지는 것이 아니다. 오히려 그것은 민주공화국 프로젝트를 추진하기 위하여 대한민국의 이름으로 구성되고 행사되는 모든 권력의 배후에서 역동적으로 작용해야 한다. 달리 표현하자면, 우리 대한국민의 역동적 참여에 연결되지 않은 채 대한민국의 이름으로 행사되는 권력은 결코 정당성을 가질 수 없다.

그러므로 헌법 1조의 두 번째 문장은 결코 국민주권 또는 주권재민의 원리를 단순히 반복하는 것이 아니다. 이 문장, 특히 그 뒷부분이 강조하는 바는 국민주권 또는 주권재민이 아니라 주권의 민주화이다. 국민주권 또는 주권재민

151

은 명사로서 우리 대한국민의 헌정권력을 고정되게 만든
다. 그러나 주권의 민주화는 그것을 역동적인 흐름으로 재
정의한다. 대한민국의 주권이 우리 대한국민에게 있고, 모든
권력이 그로부터 나온다면, 우리 대한국민의 헌정권력은 결
코 명사일 수 없다. 그것은 오히려 하나의 동사, 즉 살아 움
직이는 흐름이며, 이를 통해 형성되는 역동적 참여이다.

이처럼 헌법 1조의 두 번째 문장은 우리 대한국민의 헌
정권력을 살아 움직이는 흐름으로 드러낸다. 오직 이와 같
은 역동적 참여만이 주권 개념의 배후에 자리한 비상사태
의 그림자를 걷어낼 수 있다. 헌법 1조의 두 번째 문장은 주
권의 민주화를 통하여 민주공화국 프로젝트의 역진(逆進)을
방지하려는 헌법적 처방이자 예방책(constitutional remedy
and prevention)이다.

헌법을 노래하다

대한민국 헌정사에서 주권의 민주화는 민주공화국 프로
젝트가 위기에 처할 때마다 지속적으로 재현되었다. 그 주
인공은 두말할 나위 없이 각자의 처소를 떠나 스스로 광장
에 나온 평범한 사람들, 즉 우리 대한국민이다. 평범한 사람

들은 광장에서 스스로를 드러내며, 다양한 차이들 속에서 공통의 것을 이끌어낸다. 여고생, 예비군, 유모차를 끌고 나온 주부와 아이, 아베크족, 장애인, 할아버지, 이주노동자 등. 이들의 모든 차이를 그대로 둔 채로, 모두가 모두에게 여전히 비밀인 채로, 이들 사이에서 공통의 것을 이끌어내는 이들 자신의 권력이 바로 헌정권력이다.

우리 대한국민의 헌정권력은 원래부터 그 누구도 특권적일 수 없는 평등한 네트워크를 전제하며, 그로부터 태어난다. 따라서 헌정권력이 탄생하는 현장은 언제나 소통과 연대, 재미와 창의성, 웃음과 감동, 그리고 다름과 하나됨이 어우러지는 대동의 현장이다. 이 점에 관하여 한국 사회는 여러 차례의 촛불집회를 통해 신기하고도 소중한 경험을 확보한 바 있다. 스스로 광장에 모인 평범한 사람들이 갑자기 헌법 1조의 두 문장을 함께 노래하기 시작했던 것이다.

헌법의 주어인 우리 대한국민이 자신의 작품인 헌법을 노래하는 것은 하나의 '사건'이다. 이 사건은 그 자체만으로도 다양한 각도에서 심층적으로 분석되어야 한다. 서구 헌정사를 통하여 우리는 요구하거나, 천명하거나, 준수하는 대상으로서 헌법을 배워왔다. 그러나 그 속에서 우리는 과연 헌법을 함께 노래하는 차원에 마주친 적이 있었던가?

대중은 언제나 사랑을 노래할 뿐이며, 어쩌다 한 번, 아주 어쩌다 한 번 혁명을 노래할 가능성도 있다고 우리는 생각해 왔다. 하지만 대한민국 헌정사가 위기에 봉착했을 때, 민주공화국 프로젝트가 좌절될 상황이 벌어졌을 때, 각자의 처소를 떠나 스스로 광장에 모인 평범한 사람들은 각자의 사랑 노래들을 그대로 둔 채로 갑자기 혁명이 아니라 헌법을 노래하기 시작했다. 그렇다면 헌법을 노래하는 이 차원은 과연 어디서 돌출한 것인가? 그 의미는 도대체 무엇인가?

헌법을 노래하는 사건

우리 대한국민은 시원적이고 단일하며 비상사태를 결단하는, 무시무시한 권력자들이 아니다. 그들은 자신들의 과거로부터 탈출한 사람들로서 고유성과 다양성과 차이들 속에서 똘레랑스를 배우는 평범한 사람들이다. 우리 대한국민이 헌법을 만드는 것은, 그들 사이에서 헌법이 약속되는 것은, 그들 사이의 모든 차이를 그대로 둔 채로 그 속에서 애써 공통의 것을 이끌어낸다는 의미이다. 이 공통의 것이 중첩적 합의이며 그 제도화가 바로 대한민국 헌법이다.

독자들에게 다시 한 번 요청한다. 지금 당장 대한민국 헌법 1조를 발화자인 우리 대한국민의 한 사람으로서 동료 대한국민 앞에서 소리 내어 읽어보시라. 무엇이 다른가? 생명력 없는, 죽은 두 문장으로 헌법 1조를 읽을 때와 무엇이 다른가? 헌법의 주어의 위치에서 헌법 1조를 읽으면, 어떤 감격이 솟아난다. 이 감격은 대한민국 헌법이라는 문서에 대한 친밀감이며 그 내용에 관한 책임감이고 또한 동시에 그것을 함께 고백하는 동료들, 즉 다른 대한국민에 대한 경의(敬意)이다. 바로 이 친밀감, 이 책임감, 이 경의, 그리고 이 모든 것을 합한 감정으로서의 감격을 고리로 삼아 대한민국 헌법은 항상 우리 대한국민 사이에서 반복적으로 되살아날 수 있다.

2008년의 여름과 2016년 늦가을, 그리고 2017년 초봄까지 촛불을 들고 광장에 모인 평범한 사람들은 대한민국 헌법의 고유하고도 독특한 발화구조가 눈앞에서 재현되는 사건을 경험했다. 광장에 모여 함께 헌법 1조를 노래함으로써 이들이 몸소 체험했던 것은 1960년의 4·19혁명이나 1987년의 6월 민주화대항쟁과 마찬가지로 대한민국 헌법이 우리 대한국민 사이에서 다시 발생하는 신비로운 현상이었다. 이것이야말로 헌법적 사건(constitutional event)이다.

헌법의 주어인 우리 대한국민의 차원을 회복할 때 우리는 언제든지 헌법을 노래할 수 있다. 그럼에도 불구하고 헌법을 노래하는 것이 끝은 아니다. 헌법 1조는 깊은 감격으로 우리를 이끌지만, 그것만으로는 부족하다. 끈기를 가지고 용기를 내어서 자유와 민주와 공화의 민주공화국 프로젝트를 지혜롭게 추진해가야만 한다. 특히 민주공화국 프로젝트가 위기에 봉착할 때, 우리는 대한민국의 주권이 우리 대한국민에게 있음을 확인하는 방식으로 헌정권력을 되살려야 하며, 그로부터 대한민국의 모든 권력을 민주적으로 구성하는 우리 대한국민의 역동적 참여를 계속해야 한다.

차이 속에서 빚어지는 자유의 울림

헌법의 주어인 우리 대한국민은 결코 자기가 대한민국의 왕이라고 설쳐대는 사람들이 아니다. 오히려 그들은 식민지배 속에서도 독립과 해방, 그리고 주권의 민주화를 염원했던 사람들이고, 공산주의자들의 침략으로 민주공화국이 위기에 처했을 때 분연히 일어나 공동체를 지켰던 사람들이며, 군사쿠데타를 통해 전시긴급정부가 군부독재정권으로 전락했을 때 결연히 민주화투쟁에 나섰던 사람들이다. 또한 그들은 대한민국이라는 민주공화국 프로젝트를 완결시키기 위하여 민주주의의 성숙과 평화적인 통일이라는 두 가지 역사적 과제를 함께 이루어낼 사람들이다.

우리 대한국민의 자유는, 그 탈출의 자유와 광야의 자유와 똘레랑스의 자유와 중첩적 합의의 자유는 지금도 작동하고 있다. 각 개인의 삶에서 그 자유는 개별적으로 작동하면서 끊임없이 새로운 차이를 만들어내고 있으며, 우리 대한국민의 삶에서 그 자유는 다시 그와 같은 차이들 사이에서 새로운 울림을 만들어내고 있다. 이러한 울림은 때때로 역사적 계기를 이루어 우리 대한국민들로 하여금 광장에 나와 헌법을 노래하게 만든다. 그때, 그 광장에는 본향을 떠나 광야로 나아갔던 탈출의 자유와, 광야의 자유 즉 자기를 부정하고 또 자기를 초월하는 원초적 자유와, 똘레랑스의 자유 즉 서로에게 먼저 자유를 선사하는 타자성의 자유가 기적처럼 다시 현현(顯現)한다.

그리고 그 자유의 에너지에 힘입어 헌법을 노래하는 우리 대한국민은 헌법의 텍스트에 녹아든 중첩적 합의의 자유를 집단적으로 재확인하며 또 재구성한다. 그러고 나서,

그들은 혹은 개별적으로, 혹은 집단적으로, 삶의 현장으로, 일상 속으로 귀환한다. 그러므로 지금 우리가 여기서 대한민국 헌법 1조를 해석하는 것은 우리 대한국민의 자유에서 비롯되는 이 울림을 증폭시키는 동시에 제도적으로 구체화하는 작업이다. 그로 인해 입법이 가능해지고, 행정이 가능해지고, 사법이 가능해지며, 헌법의 개정이 가능해진다. 이런 의미의 헌법 해석이 없으면 헌법의 생활규범화는 이루어질 수 없다.

1948년 헌법에서 시작된 대한민국 프로젝트가 1987년 헌법에 와서 현실과의 타협에 익숙해졌다고 하더라도, 헌법 1조는 결코 민주공화국 프로젝트를 포기한 적이 없다. 왜냐하면 민주공화국 프로젝트의 초점은 원래부터 헌법을 노래하는 평범한 사람들, 이 헌법적 시민들을 끊임없이 양성하는 것이었기 때문이다. 우리 대한국민은 헌법적 시민들로서 자신의 희생을 통하여 또 다른 헌법적 시민들을 양성한다. 그러한 희생을 즐겁게 결행하려는 다짐의 표현이 바로 헌법을 노래하는 것이다. 그렇다면 헌법을 노래한다는 것은 헌법적 시민들이 다른 헌법적 시민들에 대하여 보내는 즐거운 청유(請誘)가 아니겠는가?

헌법이라는 청유

헌법이란 무엇인가?

광장에 남겨진 자유 시민들의 공유된 말은 지금도 우리에게 말을 걸고 있다. 우리 또한 촛불을 들고 광장에 나선 자유 시민들인 까닭에, 이곳에 남겨두어야 할 공유된 말들을 가지고 있다. 우리로 하여금 말하게 하려고 그 자유 시민들이 먼저 걸어온 말에 대하여 이제는 우리도 말을 걸어 우리의 말을 남겨놓을 수 있다.

헌법은 타자에게 말 걸기이다. 서로를 위하여 서로가 서로에게 먼저 말을 걸어주는, 이 말 걸기의 유쾌한 섞임, 그것이 바로 헌법이다. 그러므로 헌법은 그 자체가 원래부터 즐거운 청유이다. 헌법이라는 즐거운 청유!

열.

헌법 1조 개정(改正)론

/

2017년 3월 10일은 대한민국의 역사에서 명예혁명이 이루어진 날로 기록될 것이다. 여덟 명의 헌법재판관은 전원 일치 결정으로 국회에 의하여 탄핵 소추된 박근혜 대통령을 대통령직에서 파면했다. "피청구인의 법 위배행위가 헌법질서에 미치는 부정적 영향과 파급효과가 중대하므로, 피청구인을 파면함으로써 얻는 헌법 수호의 이익이 압도적으로 크다." 이 문장을 읽는 이정미 헌법재판소장 권한대행의 목소리에는 국민주권과 법치주의를 수호하려는 결의와 함께 역사의 법정에 당사자로 서는 숙연함이 묻어났다.

2016년 10월 24일 종합편성채널 JTBC의 최순실 태블릿 PC 보도 이후 계절이 두 번 바뀌는 동안 시민들은 박근혜-최순실 게이트를 정면으로 돌파하면서 대한민국 헌정사의 계기를 이루는 위대한 헌법 드라마를 함께 써왔다. 그 중심에는 주최 측(박근혜 정권 퇴진 비상국민행동) 추산 연인원 1,600만 명이 참여한 20차례의 촛불 집회가 있었다. 2002년 주한미군 장갑차에 치여 숨진 두 여중생을 추모하는 대규모 시위에서 비롯된 촛불 집회는 2008년 한미자유무역협정 반대집회를 거치면서 한국 사회에서 시민들 스스로가 열어가는 자발적 공론장으로 자리 잡았다. 2016-2017년의 촛불 집회는 규모 면에서 역사상 가장 컸을 뿐만 아니라 단 한 건의 폭력사태나 불상사도 없었을 만큼 성숙한 모습을 보였다.

흥미롭게도 2016-2017년의 촛불 집회는 헌법 질서의 틀 속에서 가장 합리적인 선택지를 찾아내고 또 헌법기관들에 이를 요구하는 방식으로 진행되었다. 사태 초기 촛불 시민들은 박근혜 대통령에 대하여 즉각적인 하야와 공정하고도 철저한 수사를 요구했다. 하지만 이 대안이 거부되자 곧바로 박근혜-최순실 게이트에 대한 특별검사의 수사와 함께 박근혜 대통령에 대한 국회의 탄핵소추를 요구하는 쪽으로 방향을 선회했다. 이 과정에서 여야 정치권은 국무총리 교체를 통한 거국 내각의 구성과 박근혜 대통령의 2선 후퇴, 심지어는 대통령의 조기 하야(소위 질서 있는 퇴진) 등을 공언했지만, 촛불 시민들은 전혀 흔들리지 않았다. 이러한 방향성은 2016년 12월 9일 국회가 박근혜 대통령에 대한 탄핵소추안을 234명의 찬성으로 가결한 뒤, 특별검사의 수사와 탄핵심판이 진행되고, 2017년 3월 10일 헌법재판소의 탄핵인용결정이 내려지기까지 굳건하게 유지되었다.

1노 3김의 유산

이러한 진행과정을 통하여 촛불 시민들은 1987년 헌법이 실현할 수 있는 민주정치의 최대한을 보여주었다. 1987년 헌법은 군사정권의 후계자가 도저히 더 이상 군사정권을 지탱할 수 없다고 고백했던 1987년 6월 29일로부터 비롯되었다. 그 고백은 곧바로 헌법개정작업의 출발점이 되었고, 1노 3김(노태우, 김영삼, 김대중, 김종필)의 합의에 의하여 현행 헌법이 탄생했다. 따라서 현행 헌법의 곳곳에

는 1노 3김의 정치적 이해관계가 스며들어 있으며, 30년의
세월이 흐른 뒤에도 그 흔적들은 대한민국 헌법정치의 발
목을 잡고 있다. 지나간 몇 달만큼 이러한 현상이 노골화된
적이 있었을까?

예를 들어 설명해보자. 현행 헌법상 국민의 신임을 잃은
5퍼센트짜리 대통령이 마지막까지 국정을 흔들 수 있는 이
유는 대통령 궐위 시 60일 내에 5년 임기의 새로운 대통령
을 선출하게 만든 조항 때문이다(68조 2항). 여느 대통령제
국가처럼 미리 부통령을 뽑아놓는다면 이러한 문제는 아예
발생하지 않는다. 그러나 현행 헌법은 대통령이 궐위된 경
우 민주적 정당성이 없는 국무총리에게 대통령 권한대행을
맡긴 채, 단 60일 만에 새로운 대통령을 선출하도록 규정하
고 있다. 도대체 누가 이와 같은 규정을 만든 것일까? 흥미
롭게도 그 바로 앞에는 대통령 선거를 단순다수대표제로
해석하도록 만드는 조항도 있다(67조 2항). 대통령 선거에서
최고득표자가 2인 이상인 경우에는 국회의 재적의원 과반
수가 출석한 공개회의에서 다수표를 얻은 사람을 당선자로
하는 바로 이 규정 때문에 결선투표제의 입법화는 늘 위헌
시비에 부딪혀왔다. 이 규정은 또 누가 만든 것일까?

현행 헌법의 주요 골격이 8인 정치회담에서 합의되던 1987년 여름, 1노 3김은 언제라도 대통령 선거를 치를 준비가 되어 있었다. 이들은 단순다수대표제로 대통령선거제도를 디자인하면서 각기 지역주의에 편승하여 각자의 대통령 당선을 자신했다. 그렇다면 이들이 합의한 앞서의 헌법 규정들은 정치적으로 어떤 의미를 갖는가? 그들 중 누군가가 대통령에 당선되고 나서 어떤 이유에서건 대통령직에서 물러나게 된다면, 곧바로 두 달 만에 새로운 선거를 치러 다시 그들 중 누군가를 5년짜리 새로운 대통령으로 선출하자는 합의가 아닌가? 1노 3김은 권좌에서 물러난 지 오래지만 그들이 남겨놓은 대통령선거제도는 2016년 10월 이후 한국 정치를 옥죄고 있었다. 여느 대통령제 국가처럼 부통령이 있었다면, 하야 이후 발생할 정국 혼란을 무기로 5퍼센트짜리 대통령이 무한정 버티거나, 민주적 정당성이 결여된 국무총리가 대통령 권한대행을 맡는 일은 없었을 것이다.

촛불 시민의 물음

2017년 3월 10일 헌법재판소가 선고한 박근혜 대통령의 파면 결정은 2016년 10월 24일 이후 발생한 헌법정치의 위기 상황을 해결함에 있어서, 거의 유일한 헌법적 방안이었던 대통령 탄핵을 성공적으로 마무리한 대한민국 헌정사의 일대 사건이었다. 이와 같은 헌정사적 명예혁명을 이루어 가는 과정에서 결정적인 역할을 한 것은 대통령이나 국회, 여야 정치권, 헌법재판소, 그리고 특별검사가 아니라 사태의 고비 고비마다 스스로 촛불을 들고 광장에 모여든 이름 없는 시민들이었다. 헌법재판소는 탄핵인용결정을 선고하기 전에 고마움을 담아 이 점을 확인했다. "헌법은 대통령을 포함한 모든 국가기관의 존립근거이고, 국민은 그러한 헌법을 만들어내는 힘의 원천입니다."

2016-2017년의 시민정치는, 1987년 6월의 민주화대항쟁에서 그랬던 것처럼, 현행 헌법의 곳곳에 스며든 통치 집단의 꼼수를 꿰뚫고 민주헌정의 주인공이자 추진력이 바로 국민대중이라는 점을 스스로 증명했다. 이는 2016-2017년의 시민정치가 1987년 헌법이 실현할 수 있는 민주정치의 최대한을 보여준 동시에 그 한계 또한 적나라하게 드러냈

음을 의미한다.

2016년 10월 29일 첫 촛불 집회에서 시민들은 '이게 나라냐?'라고 물었다. 그 이후 거의 다섯 달 동안 대한민국의 헌법정치는 이 질문에 답하기 위하여 갈팡질팡했고, 촛불 시민의 굳건한 요청을 받아들여 헌법재판소가 대통령을 파면하는 초유의 결정을 내려야 했다. 이 결정이 내려진 바로 다음날, 제20차 촛불 집회에 모인 시민들은 '이게 나라다!'라고 스스로 답했다. 하지만 이러한 구호는 1987년 헌법의 최대한을 확인했다는 만족감에서 나온 표현이 결코 아니다. 오히려 그것은 1987년 헌법의 최대한을 확인했으니, 그 너머로 대한민국이라는 민주공화국 프로젝트를 진전시키자는 집단적인 요청이자 다짐이다.

민주공화국의 기본이 무너졌다

이제 헌법정치의 개혁은 불가피하다. 그러나 도대체 어디서 개혁의 방향에 관한 실마리를 얻을 수 있을까? 촛불 시민들은 절망과 부끄러움을 가지고 '이게 나라냐?'라고 물었다. 이 절망과 부끄러움의 밑바닥에는 불안이 있다. 1997년 IMF 환란 사태 이후 평범한 사람들의 살림은 팍팍

해지기만 했다. 미래는 불투명하고, 아이들은 줄고, 젊은이들은 분노에 휩싸이고, 장년들은 하루하루가 힘들고, 어르신들은 짜증이 늘고, 그래도 잘될 거라고 다정하게 말해주던 사람들마저 흩어지고, 떠나가고, 심지어는 줄줄이 스스로 세상을 등지기까지 했다. 그러나 박근혜-최순실 게이트 앞에서 촛불 시민들은 더 이상 불안에 머무는 선택을 중단했다. 그 대신 절망과 부끄러움을 가진 채 광장으로 나와 촛불을 들고 서로에게 묻기 시작했던 것이다. '이게 나라냐?'

이 질문에는 민주공화국의 기본이 무너졌다는 자각과 함께 일종의 자기고발이 내포되어 있다. 왜냐하면 촛불 시민들은 스스로를 민주공화국 프로젝트의 주역인 우리 대한국민과 동일시하면서, 스스로에게 민주공화국 프로젝트의 위기를 고발했기 때문이다. 따라서 이 질문은 촛불 시민들 스스로 민주공화국의 기본을 다시 세우겠다는 요청이자 다짐이기도 하다.

그렇다면 무엇이 민주공화국 프로젝트의 기본인가? 박근혜 대통령이 하야를 거부했을 때, 촛불 시민들은 지체 없이 박근혜-최순실 게이트에 대한 특별검사의 수사와 함께 박근혜 대통령에 대한 탄핵소추의결을 국회에 요구했다. 사실 이 요구에는 민주공화국 프로젝트의 기본이 무엇인지에 관한 촛불 시민들의 생각이 고스란히 담겨 있다. 이후의 전개 과정에서 이 대목은 특히 세월호 사건 당일 박근혜 대통령의 행적에 관한 집요한 추궁을 통해 표면화되었다.

진실, 정의, 법치

진실, 정의, 법치(rule of law), 이 셋이 핵심이다. 촛불 시민들은 진실로 말해지는 것들 뒤에 권력이 자리할 수 있음을 부정하지 않는다. 그러나 모든 것을 권력의 논리로 환원하여 진영에 따라 다른 진실을 뻔뻔스럽게 내세워온 기득권 집단의 언술전략에 현혹되지도 않는다. 촛불 시민들이 통치 집단에게 묻는 것은 단순한 질문이다. "그대는 과연 진실을 찾으려고 하는가? 진실의 힘을 두려워하는가?" 세월호 7시간을 추적하는 촛불 시민들의 외침은 바로 이 질문 하나로, 그동안 권력을 동원하여 허위를 진실로 둔갑시켜온 불의한 통치자를 궁지에 몰아넣었다.

촛불 시민들에게 정의는 정치철학자들의 토론에서처럼 어려운 것이 아니다. 오히려 그러한 토론의 전제라고 할 만큼 단순한 것이다. 정의는 진실과 연관되어 있다. 따라서 민주적 정치 과정을 통해서 선출된 권력자라면 적어도 진실을 찾으려 하고, 진실의 힘을 두려워하는 사람이어야 한다. 그리고 그 기초 위에서 최소한 게으름과 악에게 지지 말고 최선을 다해 국민이 맡긴 권력을 운영해야 한다. 촛불 시민들도 흩어지고 나면 각자의 진실, 각자의 정의를 앞세워 서로를 향해 다투게 될 것을 알고 있다. 그러나 바로 그 이유 때문에 촛불 시민들은 흩어지기를 거부한 채 광장에 남아 있었다. 적어도 진실을 찾으려 하고, 진실의 힘을 두려워하는 사람들에 의하여 민주적 정치 과정을 통해서 최선을 다해 권력을 운영하는 것이 분명해질 때까지 촛불 시민들은 헌정권력의 표상으로서 광장에 남아 있었다.

촛불 시민들이 공정하고도 철저한 수사와 함께 박근혜 대통령의 탄핵을 요구했던 것은 법치를 통하여 그와 같은 새로운 출발점을 만들기 위해서였다. 국정농단을 저지른 대통령을 헌법이 정한 절차에 따라 공정하게 파면하라! 국회에, 헌법재판소에, 대통령에게 촛불 시민들이 요구하는 것은 '법치'라는 한마디였다. "우리에게 적용하는 법을 그대들에게도 똑같이 적용하라. 그리하여 대한민국이 민주공화국이며, 대한민국의 주권은 우리 대한국민에게 있고, 모든 권력은 우리 대한국민으로부터 나온다는 사실을 증명하라!"

제헌헌법을 다시 생각한다

2017년 5월 이후 본격적으로 시작될 헌법정치의 개혁은 이 세 가지 초점을 결코 놓치지 말아야 한다. 진실과 정의가 적법절차를 통하여 확인되는 나라가 민주공화국이라는 것이다. 박근혜 대통령의 파면결정 앞에서 촛불 시민들이 '이게 나라다!'라고 답한 것은 이 세 가지 요청이 그나마 확인되었다는, 그러니까 첫 단추는 잘 꿰어졌다는 반응이다. 이 방향을 이어서 제대로 헌정 개혁을 이루어야만 한다. 그래야만 촛불 시민들은 위로를 받고, 희망을 말하며, 광장을 떠나 각자의 삶의 자리로 돌아갈 수 있다.

2017년 헌법 개정은 이 세 가지 초점을 헌정 제도 속에 어떻게 담아낼 것인가를 진지하게 묻고 답하는 과정이어야 한다. 철저히 그래야만 한다. 따라서 1987년 헌법의 기본 틀을 유지한 채, 제왕적 대통령과 제왕적 국회의 권력배분만을 미세 조정하는 것은 촛불 시민들의 요청을 정면으로 거스르는 일일 뿐이다. 여기에 사법제도의 일부를 바꾸고 기본권 목록을 좀 더 늘린다고 해도 사정은 전혀 달라지지 않는다. 그렇다면 어떻게 해야 할 것인가?

대한민국이라는 민주공화국 프로젝트의 원형으로서 1948년 헌법, 즉 제헌헌법의 가치는 대단히 주목할 만하다. 자유, 민주, 공화의 이념에 터 잡아 민주적 헌정국가의 기본 제도를 구비했다는 점에서도 그렇지만, 민주적 의회의 우위를 통해 사회경제적 평등을 추구함으로써 헌법적 시민들을 양성하고자 했던 점에서 더 그렇다. 따라서 1987년 헌법의 극복을 위하여 일단 1948년 헌법의 복원을 기본 방향으로 설정하는 것은 바람직한 일일 것이다. 헌정사가 70년에 이르면서 어느새 우리가 잊어가고 있는 우리 대한국민의 상처, 즉 자신이 완전하지 못하며, 여전히 다른 우리 대한국민을 기다려야 하고, 그 타자가 출현할 때, 두려움과 고통을 감수하고라도 그를 환대하고 그에게 자리를 내주어야 한다는 저 깊은 안타까움을 우리 모두가 다시 기억하기 위해서도 그렇다.

그러나 이 말은 민주공화국 프로젝트를 시작한 출발점에서 1948년 헌법이 부담할 수밖에 없었던 몇 가지 근본적인 한계까지 그대로 수용하자는 뜻이 아니다. 대한민국의 재건을 조기에 이루기 위하여 제헌헌법은 중앙집권적 편향을 제도화했으며, 그 결과 민주공화국 프로젝트의 필요조건인 자치와 분권이 아예 결여될 수밖에 없었다. 또한 국제평화주의의 적극적인 수용에도 불구하고 제헌헌법의 주어인 "우리들 대한국민"이 상당히 민족주의적이고 국적주의적인 함의를 내포하고 있었음도 기억해야 한다. 나아가 총 300석의 제헌의회 의석 가운데 100석에 해당하는 공백을 어떻게 채울 것인지에 관하여 제헌헌법이 의도적인 침묵을 선택했던 점 또한 잊어버려서는 안 된다. 그러면 이러한 한계는 또 어떻게 극복할 수 있을까?

바깥에서

이러한 문제의식에서 우리 대한국민은 이제 헌법 1조의 바깥으로 나가야 한다. 바깥에서 헌법 1조를 다시 생각해보아야 한다. 헌법 1조에 담긴 우리 대한국민의 공유된 말을 듣기 위해서가 아니라, 이제는 우리 대한국민에게 무언가 반드시 필요한 말을 건네기 위해서, 우리 대한국민은 헌법 1조를 바깥에서 묵상해야만 한다.

지금 우리 대한국민에게 제기되고 있는 질문은 명확하

다. 지난 70년 동안 대한민국이라는 민주공화국 프로젝트를 이끌어온 헌법 1조의 두 문장은, 우리 대한국민의 자유를 표현하기에, 그 헌정권력을 담아내기에, 자유와 민주와 공화의 프로젝트의 본질을 드러내기에, 비상사태를 호명하는 헌정의 위기를 꿋꿋이 버텨내고, 모든 권력을 우리 대한국민으로부터 나오게 만들기에 과연 최선의 선택인가?

헌법 개정은 단순한 내용 변경으로서의 개정(改定)이 아니라 바꾸어 바르게 하는 개정(改正)이다. 헌법 1조의 개정에 관해서 이 말의 의미는 더욱 무겁게 다가온다. 이 무거움을 온몸으로 의식하면서, 앞으로의 치열한 논의를 위하여 함께 생각해볼 문제를 던져두기로 하자.

헌법 1조를 개정한다면

독일인들의 예를 따라, 헌법 1조를 '모든 인간은 존엄하다'는 인권선언으로 대체하자는 주장이 있다. 가벼이 흘려들을 수 없는 진지한 제안이다. 우리 대한국민이 세계대전이나 대규모 학살에 책임이 있다면, 마땅히 그래야 할 것이다. 아니 한국전쟁에 대해서 오로지 우리 대한국민만이 책임을 져야 한다면, 그렇게 하는 것이 바람직할 것이다. 그렇지만 이 둘 중 어느 하나라도 그렇지 않다면, 순수한 인권 선언을 헌법 1조로 삼는 것은 과도한 규범화가 아닐까? 과유불급(過猶不及).

헌법 1조를 개정한다면, 그보다는 헌정사 70년의 반성을 포함시키는 것이 바람직하다. 무엇보다 1987년 헌법에 이르는 동안 놓쳐버린 사회경제적 평등의 추구를 복원시켜야 하고, 또 아예 한 번도 시도한 적이 없었던 자치와 분권도 전면화시켜야 한다. 사회경제적 평등의 추구를 중앙집권적 편향에 젖은 권력구조에 맡기는 것은 너무도 위험한 선택이기 때문이다. 차제에 헌정사 70년의 방향성을 과감히 수정하여 공간적 권력분립의 헌법적 제도화를 추구해야 한다.

헌법 1조는 민주공화국 프로젝트가 궁극적으로 옳다는 정치적 신념의 표현이다. 이 신념은 "견제받는 정부가 견제받지 않는 정부보다 더욱 강하다(Limited government is more powerful than unlimited government)"는 믿음에서 출발한다. 이 믿음에 기초하여 민주공화국 프로젝트는 기능적 권력분립, 특히 입법·행정·사법의 삼권 분립을 통해 권력의 독점에 맞선다. 하지만 오늘날의 대한민국과 같이 권력적, 지식적, 지역적, 집단적 네트워크가 오로지 중앙집권적으로만 작동하는 상황에서 기능적 권력분립은 파워 엘리트들의 은밀한 카르텔을 낳기 십상이다. 그리고 이것은 결국 기득권 집단 내부의 부패와 정치적 비효율로 이어진다.

박근혜-최순실 게이트의 과정에서 드러난 대한민국 헌법정치의 모습은 이에 관한 명백한 증거이다. 제왕적 대통령을 견제한다는 명분으로 제왕적 국회가 더 많은 권력을 차지하고, 이들 사이의 다툼이 검찰과 대법원, 그리고 헌법재판소의 수중에 더욱더 많은 권력을 넘겨주며, 그 과정에서 수많은 권력남용과 부패가 벌어지고 있는 것이 대한민국 헌법정치의 민낯이 아니겠는가?

새로운 헌법이 담아내야 할 것

민주공화국 프로젝트는 정치적, 경제적, 법적 권위를 복수의 주체에게 분배한 뒤, 이들 사이에 유효한 경쟁 구도를 마련한다. 그래야만 그 각각이 자유 시민들로부터 정당성을 인정받기 위하여, 열과 성을 다해 공정성, 합리성, 효율성을 추구하게 되기 때문이다. 따라서 민주공화국의 헌법은 복수의 공적 권위 주체들 사이에 유효한 경쟁 구도를 만드는 일에 무엇보다 힘써야 한다. 만약 그러한 구도가 헌법 속에 존재하지 않는다면, 그 방향으로 헌법을 개정하는 것이야말로 민주공화국의 헌정권력을 가진 자유 시민들의 책임이다. 민주공화국에서 헌법 개정은 그저 바꾸는 개정(改定)이 아니라 바꾸어 바르게 하는 개정(改正)이기 때문이다.

그러므로 헌법 1조를 개정한다면, 그 방향은 일단 사회경제적 평등의 추구를 공간적 권력분립의 제도화와 지혜롭게 연결시키는 방향에서 모색되어야 할 것이다. 한데 신기하게도 이러한 결론은 한반도의 재통일이라는 우리 대한국민의 시대적 과제와도 맥락이 통한다. 이제 대한민국이라는 민주공화국 프로젝트는 평화통일이라는 목표를 헌법에 제시하는 차원을 벗어나 실제로 통일을 이룰 수 있는 제도적 기반을 마련해두어야 한다. 이를 위해서는 헌법 안에 한반도의 재통일에 실제로 적용될 수 있는 중앙-지방제도에 대한 디자인이 반드시 포함되어야 한다. 만약 헌법 1조를 개정하여 공간적 권력분립을 헌법 원리로 선언한다면, 이는 초집권적 단방국가의 내적 개혁만이 아니라 통일 과정에서 민주적 연방주의의 이점을 활용할 수 있는 토대가 될 것이다.

사회경제적 평등의 추구와 공간적 권력분립의 제도화,

그리고 한반도의 재통일을 위한 중앙-지방제도의 설계. 헌법 1조를 개정한다면, 이 세 가지를 헌법 원리의 차원에서 담아내는 문제가 반드시 초점이 되어야 한다. 2017년 헌법 개정 논의에서 이 문제가 우리 대한국민 사이에 진지하게 토론될 수 있기를 진심으로 바란다.

에필로그

1980년대 중반부터 법과대학에 다녔으니 이제 나도 법
학 공부에 발을 들여놓은 지가 30년이 넘었다. 적당한 기회
인지 모르겠으나, 그동안의 공부 길에서 남모르게 고통을
겪었던 점이 있어 이 자리에서 털어놓으려고 한다. 먼저 독
자들의 혜량(惠諒)을 바란다.

나를 힘들게 했던 것은 무엇보다 법학의 독특한 문체(文
體)였다. '개념을 통한 계산'이라는 표현에서 보듯 법학은

객관적 글쓰기를 정상적이라고 전제한다. 하나의 개념은 누구에게나 동일한 의미여야 하고, 어느 경우에나 누구에게나 똑같이 해석되는 문장이야말로 바람직한 문장이라는 것이 법학의 금과옥조이다. 그런데 이것이 내게는 정말이지 견디기 힘든 부담으로 다가왔다. 왜 그랬을까?

나는 법학의 독특한 문체 속에서 살아 움직이며 생각하는 주체인 나 자신이 말소되는 느낌을 받았다. 동일한 느낌은 법학의 문장들이 도대체 누구에게 하는 말인지 식별하기 어려울 때도 드러났다. 실제로 법전이나 법학 교과서의 문장들은 말하는 주체를 생략하거나 감추는 경우가 태반이고, 상대방이 누구인지 명시하지 않은 채 보편적 명제로 제시되는 경우가 대부분이다. 굳이 자신의 생각을 드러낼 때는 여러 조건을 단 뒤 사견(私見)이라는 꼬리표를 붙이는 것이 상례이다. 이와 같은 객관적 글쓰기는 고시공부, 즉 답안 쓰기 연습을 통해 법학의 세계를 통치한다. 법과대학 강의실에서 시작된 이 연습은 고시학원과 로스쿨과 사법연수원을 거쳐 법률가의 인생 동안 끝없이 계속된다. 법률가의 문장이 말하는 주체를 되찾는 것은 합격 수기나 자서전을 쓸 때뿐이다.

학부 시절부터 법사회학 언저리를 기웃거리던 내가 결국 고시공부를 그만두고 비판법학자의 진로를 선택하게 된 것은 일차적으로 이 영혼 없는 객관적 글쓰기에 가담하기 싫었기 때문이다. 대학원에서 본격적인 학문 수업을 받는 동안, 나는 일인칭 단수를 살려서 '나는 생각한다'로 끝나는 문장을 사용하다가 실정법학의 객관 문체를 수호하려는 기성 법학자들로부터 여러 차례 은밀한 경고를 받은 적이 있었다. 그러나 그때부터 지금까지 나는 그분들이 요구하는 자기 검열을 수용하는 대신 일인칭 단수를 드러내는 방식으로 문체반정(文體反正)을 계속해왔다. 비판법학자로서 나는 법학의 독특한 문체 배후에 일인칭 단수를 질식시키고 상대방을 도외시하는 권력의 글쓰기가 있음을 폭로하고 싶었다.

  그러던 중 나는 우리 헌법이 주어를 가진 문서라는 사실을 새삼 발견하고 얼마나 기뻤는지 모른다. 적어도 헌법학에 관한 한, 실정법학자들이 금과옥조로 여기는 객관 문체는 기실 거대한 따옴표 속에 있는 문장들의 특징일 뿐이었다. 따옴표 안의 문장들은 당연히 그 문장들을 발화하는 따옴표 바깥의 말하는 주체, 즉 헌법의 주어의 입장에서 해석되어야 한다. 또한 그 주체가 발화의 상대방과 형성하는 다양한 콘텍스트를 전제로도 재해석되어야 한다. 실정법학의 객관적 글쓰기가 없애버린 주체와 그 상대방을 드러내지 않으면, 거대한 따옴표 안의 헌법 조문들은 제대로 해석되지 않는다.

이 책에서 누누이 강조했듯, 대한민국 헌법의 주어는 전문에 등장하는 '우리 대한국민'이다. 우리 헌법은 그 주어의 발화로 읽고 해석할 때 진정한 의미가 살아난다. 특히 그 발화의 상대방인 타자로서의 동료 대한국민 앞에서, 우리 대한국민이 스스로를 드러내며 타자에 대하여 말을 거는 문장들로 헌법 문서를 읽을 때, 무미건조한 실정법학의 객관 문체로는 도무지 담을 수 없는 깊고 풍부한 의미가 펼쳐지기 시작한다. 이 책에서 사용한 용어로 말하자면, 그와 같은 작업이야말로 헌법 묵상이다.

2008년 초여름, 촛불을 들고 광장에 모인 시민들이 헌법 1조를 노래하는 현장을 목격한 이후 나는 대한민국 헌법의 첫 두 문장에 대하여 내 나름의 묵상을 거듭해왔다. 그러다 보니, 우리 대한국민의 자유에 대하여, 똘레랑스에 대하여,

헌정권력이라는 새로운 개념에 대하여, 그리고 민주공화국이라는 프로젝트의 논리와 방향과 경험에 대하여, 어느 정도 묵상의 결과가 모였고, 이번 기회에 작은 책으로 묶을 수 있었다. 2016년 늦가을에서 2017년 늦봄까지 촛불을 들고 광장에 모인 우리 대한국민들이 함께 만들어낸 헌법정치의 드라마는 한 고비 한 고비를 되짚어볼수록 감사하고도 가슴 뿌듯한 느낌을 자아낸다. 촛불 시민들에게 이 책이 헌법 정신을 담은 작은 선물이 될 수 있으면 좋겠다.

이 책의 원고를 쓰면서 나는 일인칭 단수를 드러내온 내 나름의 문체반정 노선을 잠시 의도적으로 이탈했다. 민감한 독자들은 이미 감지했을 것이다. 에필로그 앞까지 글을 쓰는 동안 나는 일인칭 단수를 전혀 드러내지 않았다. 대부분의 문장을 발화자인 '나'를 생략하고 썼고, 부득이한 경우는 일인칭 복수, 즉 '우리'를 주어로 활용했다. 지금에야 이 점을 발견한 독자들은 아마 내가 이 책에서 앞서 언급한 비판법학자의 글쓰기를 포기한 것이 아닌지 의심할지도 모르겠다. 하지만 내 의도는 정반대다.

나는 헌법을 타자에게 말 걸기로 이해한다. 헌법은 원래부터 즐거운 청유다. 나는 이 책의 문장에서 일인칭 주어를 스스로 말소함으로써, 타자에게 말을 거는 즐거운 청유인 헌법 정신을 드러내고 싶었다. 말소된 일인칭 주어는 독자들에게 그 자리를 채우도록 요청한다. 이 점에서 말소된 일인칭 주어의 자리, 그 빈 곳은 동료 대한국민에게 헌법 묵상을 청하는 초대장인 셈이다. 부디 이 비움의 청유를 받아들여서, 독자들 한 분 한 분이 헌법 1조의 두 문장에 대한 깊은 사유의 길로 나아가주기를, 아니 그렇게 해서 이 에필로그의 마지막 단락에 도착한 것이기를, 나는 진심으로 바라고 있다.

헌법 1조 묵상을 마무리하면서 이 책을 이끌어온 일인칭 주어의 말소된 자리에 맨 처음 초대하고 싶은 사람이 있다. 포항 바닷가의 작은 대학에서 20년 가까이 헌법을 가르치는 동안, 내 첫 번째 청중이 되어주었던 한 청년이다. 지금껏 내가 생각을 나눈 어느 누구보다, 그는 이 책에 기록된 헌법 1조 묵상의 취지와 맥락을 깊이 이해했으며, 많은 경우 더 심오한 곳에서 내 사유를 이끌어주었다. 법학부를 졸업한 뒤, 오랜 고민 끝에 그가 바닷공동체의 목회자가 되겠다고 알려왔을 때, 나는 왜 더 매몰차게 말리지 못했던가를 여태껏 후회하고 있다. 온몸에 암세포가 퍼져 회복이 어려운 지경에 처해서도 그는 오랜만에 전화로 안부를 묻는 무심한 선생에게 걱정 말라며 오히려 위로를 전하기까지 했다. 왜 헌법 1조의 정신을 영혼에 간직한 귀중한 사람들은 이토록 일찍 이토록 허무하게 세상을 떠나는 것일까?

이 작은 책을 사랑하는 내 제자 고(故) 윤성진(1976-2016, 95학번)에게 바친다.

2017년 5월

포항 한동에서

이국운(李國運)